Fachsprachlichkeit in Lehrbüchern

Waxmann Verlag GmbH
Steinfurter Straße 555, 48159 Münster
info@waxmann.com

Sprach-Vermittlungen

herausgegeben von
Konrad Ehlich

Band 10

Waxmann 2011
Münster / New York / München / Berlin

Constanze Niederhaus

Fachsprachlichkeit in Lehrbüchern

Korpuslinguistische Analysen von Fachtexten
der beruflichen Bildung

Waxmann 2011
Münster / New York / München / Berlin

Bibliografische Informationen der Deutschen Nationalbibliothek
Die Deutsche Nationalbibliothek verzeichnet diese Publikation in
der Deutschen Nationalbibliografie; detaillierte bibliografische
Daten sind im Internet über http://dnb.d-nb.de abrufbar.

Sprach-Vermittlungen, Band 10

ISSN 1869-5477
ISBN 978-3-8309-2601-6

© Waxmann Verlag GmbH, 2011
Postfach 8603, D-48046 Münster

www.waxmann.com
info@waxmann.com

Umschlag: Christian Averbeck, Münster
Gedruckt auf alterungsbeständigem Papier,
säurefrei gemäß ISO 9706

Printed in Germany

Inhalt

1 Einleitung

1.1 Relevanz und Einordnung der vorliegenden Arbeit

Die Ergebnisse der PISA-Studien (vgl. PISA-Konsortium Deutschland 2005 und 2008; Klieme et al. 2010) haben die Lesekompetenz deutscher Schüler1 in den Fokus der öffentlichen Aufmerksamkeit gerückt und Schwächen der 15-jährigen deutschen Schüler in diesem Bereich offenbart: Trotz der Verbesserung der Lesekompetenz von PISA 2000 zu PISA 2009 gehört fast jeder fünfte Jugendliche (18.5 %) zur so genannten Risikogruppe, die die in PISA definierte Kompetenzstufe II im Bereich Leseverstehen nicht erreicht und somit allenfalls in der Lage ist, „einfache Texte" zu verstehen, die „in Inhalt und Form vertraut sind" (Artelt et al. 2004, 144).

Während die Lesekompetenz der Schüler ausführlich erforscht wird, spielen die Texte, die im Kontext von Schule und Unterricht zum Einsatz kommen, in bildungspolitischen Diskussionen nur marginal eine Rolle. Auch in den Beschreibungen der den PISA-Studien zugrunde gelegten fünf Kompetenzstufen für das Lesen wird nur am Rande auf Merkmale eingegangen, die einfache Texte auf der einen und schwierige Texte auf der anderen Seite kennzeichnen. Dabei wird der Einfluss linguistischer Strukturen auf den Schwierigkeitsgrad von Texten lediglich beiläufig erwähnt: In Bezug auf die Nennung sprachlicher Merkmale einfacher und komplexer Texte beschränken sich die Beschreibungen der PISA-Kompetenzstufen auf die Aussagen, dass in einfachen Texten Informationen deutlich erkennbar sind. Als komplex werden hingegen den Beschreibungen der Kompetenzstufe V entsprechend lange Texte bezeichnet, die feine sprachliche Nuancen enthalten:

„Schülerinnen und Schüler, die über Kompetenzstufe I nicht hinauskommen, verfügen lediglich über elementare Lesefähigkeiten. Sie können mit einfachen Texten umgehen, die ihnen in Inhalt und Form vertraut sind. *Die zur Bewältigung der Leseaufgabe notwendige Information im Text muss deutlich erkennbar sein, und der Text darf nur wenige konkurrierende Elemente enthalten, die von der relevanten Information ablenken könnten.* Es können nur relativ offensichtliche Verbindungen zwischen dem gelesenen und allgemein bekanntem Alltagswissen hergestellt werden. [...]

---

1 In dieser Arbeit wird zugunsten der besseren Lesbarkeit auf die explizite Ausformulierung weiblicher Bezeichnungen verzichtet. Generische Maskulina schließen immer auch Frauen ein, soweit nicht ausdrücklich etwas anderes hervorgehoben wird.

Bei Schülerinnen und Schülern, die sich auf Kompetenzstufe V befinden, handelt es sich um Expertenleser, die auch *komplexe, unvertraute und lange Texte* für verschiedene Zwecke flexibel nutzen können. Sie sind in der Lage, solche Texte vollständig und detailliert zu verstehen. Dieses Verständnis schließt auch Elemente ein, die außerhalb des Hauptteils des Textes liegen und die in starkem Widerspruch zu den eigenen Erwartungen stehen. Die Bedeutung *feiner sprachlicher Nuancen* wird angemessen interpretiert. Diese Schülerinnen und Schüler sind in der Lage, das Gelesene in ihr Vorwissen aus verschiedenen Bereichen einzubetten und den Text auf dieser Grundlage kritisch zu bewerten." (Artelt et al. 2004, 144 ff.) [Hervorh. d. Verf.]

Abgesehen von dieser eher unbedeutenden Rolle, die linguistische Merkmale von Texten im Kontext der PISA-Untersuchungen spielen, liegen auch für Texte mit didaktischen Funktionen nur wenige Studien zu ihrer sprachlichen Gestaltung vor. Zwar zeigen diverse Studien, dass Schulbücher, die – so die allgemeine These – ein zentrales Medium für den Erwerb von Wissen darstellen, von Schülern aufgrund ihrer sprachlichen Gestaltung als unverständlich eingeschätzt werden (vgl. z. B. Merzyn 1994; Hecht et al. 1996; Starauschek 2003; Beerenwinkel, Gräsel 2005); dennoch liegen bisher kaum sprachstatistische Untersuchungen zu linguistischen Merkmalen und ihren Frequenzen in didaktischen Texten vor. Die wenigen existierenden Studien beschränken sich zumeist auf ausgewählte Aspekte wie den Fachwortschatz (vgl. Merzyn 1999), sodass die sprachstatistische Untersuchung zur linguistischen Gestaltung von Schulbuchtexten ein bisher wenig erforschtes Feld darstellt. Dies gilt sowohl für Schulbücher, die an den allgemein bildenden Schulen zum Einsatz kommen als auch für diejenigen, die an den berufsbildenden Schulen und in anderen Institutionen der beruflichen Bildung von Lehrenden und Lernenden verwendet werden.

Die hier vorgelegte Arbeit greift dieses Forschungsdesiderat für den Bereich der nicht akademischen beruflichen Bildung auf; sie hat die linguistische Analyse und Beschreibung von Fachtexten zum Ziel, die für den Einsatz in der beruflichen Bildung verfasst sind. Zu diesem Zweck werden mithilfe einer korpuslinguistischen Untersuchung die linguistische Beschaffenheit sowie die Fachsprachlichkeit dieser Texte analysiert.

Im Konkreten handelt es sich bei den Fachtexten um Texte aus Fachkundebüchern für den fachtheoretischen sowie den fachpraktischen Berufsschulunterricht. Diese Bücher sind in erster Linie für den Einsatz im Berufsschulunterricht konzipiert, der im Rahmen beruflicher Ausbildung stattfindet. Sie werden darüber hinaus ebenfalls im so genannten Übergangssystem – d. h. im Berufsgrundbildungsjahr, im Berufsvorbereitungsjahr, im Berufseinstiegsjahr und in ähnlichen Maßnahmen[2] – eingesetzt. Da sie ein wichtiges Medium für den Erwerb fachlichen Wissens darstellen (siehe Abschnitt 2.1), werden sie dem Register „Bildungssprache" (Gogolin 2009, 267) bzw. „Schulsprache" (Vollmer, Thürmann 2010, 108 ff.) zugeordnet; sie ermöglichen Schülern und Auszubildenden selbstgesteuertes Lernen, dienen als Nachschlagewerk, werden zur Prüfungsvorbereitung eingesetzt und für das Nachholen von versäumten Unterrichtsstunden genutzt.

Da im Rahmen dieser Arbeit nicht die Lehrbücher aller Berufsfelder berücksichtigt werden können, werden exemplarisch Fachkundebücher der Berufsfelder Körperpflege und Elektrotechnik untersucht. Dabei wird der Annahme gefolgt, dass das Auftreten fachsprachentypischer Strukturen auf der Wort-, Satz- und Textebene Fachsprachlichkeit signalisiert (Kalverkämper 1990, 114). Auf dieser Annahme basierend wird davon ausgegangen, dass Texte anhand der Frequenzen dieser Strukturen hinsichtlich des Grades ihrer Fachsprachlichkeit verglichen werden können.

Die vorliegende Arbeit unternimmt darüber hinaus den Versuch, den Zusammenhang von *Fachsprachlich*keit und *Fachlich*keit zu analysieren. Um herauszufinden, ob Fachsprachlichkeit und Fachlichkeit korrelieren, wird neben der Fachsprachlichkeit auch die Fachlichkeit der Berufsfelder Körperpflege und Elektrotechnik bzw. der zu diesen Berufsfeldern gehörenden anerkannten Ausbildungsberufe betrachtet.

Eine systematische linguistische Untersuchung und Beschreibung des Mediums Fachkundebuch sowie ein Vergleich der Fachsprachlichkeit von Lehrbüchern verschiedener Berufsfelder ist angesichts ihrer Rolle für erfolgreiches Lernen im Kontext der beruflichen Bildung von Interesse. Dabei ist eine Analyse der sprachlichen Gestaltung von Fachkundebüchern vor allem für didaktische Überlegungen von großer Bedeutung, da Fachkundebücher Lernenden Verständnisschwierigkeiten bereiten und damit zu Barrieren im Prozess des Wissenserwerbs werden können (siehe Abschnitt 2.2). Die besondere Relevanz der im Rahmen dieser Arbeit durchgeführten Untersuchung besteht daher in der systematischen Beschreibung der Merkmale verschiedener Fachtexte, die eine Orientierung für anschließende Überlegungen der fachbezogenen Didaktik sowie für die Gestaltung von sprachfördernden Lehr- und Lernprozessen in der beruflichen Bildung bieten.

---

2   Zur Diskussion über das Übergangssystem siehe z. B. Ulrich 2006, Neß 2007, Münk 2010.

1.2 Ziele der Arbeit

Die hier vorgelegte Arbeit hat die systematische sprachstatistische Analyse und Beschreibung schriftlicher Fachtexte verschiedener Berufsfelder sowie den Vergleich ihres Fachsprachlichkeitsgrades zum Ziel. Dazu werden exemplarisch Fachkundebücher der Berufsfelder Körperpflege und Elektrotechnik untersucht. Die Analyse der entsprechenden Texte bezieht sich dabei auf die morphologische, die syntaktische und auf die textuelle Ebene der Texte aus Fachkundebüchern der beiden Berufsfelder: Mithilfe einer korpuslinguistischen Untersuchung erfolgt der Frequenzvergleich von Wortbildungen und syntaktischen Phänomenen, die aufgrund ihrer Verwendungsweisen und Auftretenshäufigkeiten als fachtexttypisch gelten. Auf der Textebene werden die Fachkundebücher der beiden Berufsfelder hinsichtlich des Vorkommens verschiedener Arten so genannter informierender Bilder miteinander verglichen. Damit will diese Arbeit ein Stück weit eine Forschungslücke schließen, die in Bezug auf die linguistische Erforschung von Lehrbuchtexten für den Bereich der nicht akademischen beruflichen Bildung besteht.

Diese Untersuchungen und ihre Ergebnisse dienen als Anlass, die Versprachlichung von Fachwissen im Kontext beruflicher Bildung zu diskutieren und sollen in Planungs- und Umsetzungsprozesse der beruflichen Didaktik einfließen. Zudem leistet die sprachstatistische Untersuchung des Mediums einen Beitrag zur Definition des Konzepts Bildungs- bzw. Schulsprache.

1.3 Zugrunde liegende Annahmen

Hinsichtlich der Untersuchung der linguistischen Beschaffenheit von Texten aus Fachkundebüchern sowie deren Fachsprachlichkeitsgrad wird angesichts der eher defizitären Forschungslage mit Hypothesen gearbeitet.

Dies betrifft zum einen die *Fachlichkeit* verschiedener Fächer und Berufsfelder. Im Rahmen dieser Arbeit wird aufgrund spezifischer Merkmale der Berufsfelder Körperpflege und Elektrotechnik angenommen, dass diese Berufsfelder durch verschiedene Grade der Fachlichkeit gekennzeichnet sind. Dabei wird davon ausgegangen, dass das Berufsfeld Elektrotechnik einen höheren Fachlichkeitsgrad aufweist als das Berufsfeld Körperpflege. (Zur ausführlichen Erläuterung der Fachlichkeit von Berufsfeldern und deren Fachlichkeitsvergleich siehe Kapitel 4).

Weiterhin wird im Rahmen der hier vorgelegten Arbeit davon ausgegangen, dass sich die Fachsprachen des Deutschen voneinander unterscheiden, wobei die Anzahl der existierenden Fächer und damit der Fachsprachen bisher nicht geklärt wurde (siehe Abschnitt 5.2).

Bezüglich der Unterschiede zwischen verschiedenen Fachsprachen wird angenommen, dass fachsprachentypische Strukturen Fachsprachlichkeit signalisieren und dass hierbei ein häufiges Vorkommen solcher Strukturen einen Text als fachsprachlich bestimmt und weniger häufiges Vorkommen einen Text als weniger fachsprachlich markiert (siehe Abschnitt 6.4).

1.4   Aufbau der Arbeit

Die Grundlage dieser Arbeit bildet ein korpuslinguistischer Vergleich der Fachsprachlichkeit von Fachkundebuchtexten der Berufsfelder Körperpflege und Elektrotechnik auf der Wort-, der Satz- und der Textebene. Dazu werden die Frequenzen sprachlicher Merkmale ausgewertet, die für Fachtexte typisch sind. Da im Rahmen der vorliegenden Studie Texte aus Büchern für den fachtheoretischen und fachpraktischen Unterricht an beruflichen Schulen und anderen Institutionen untersucht werden, wird in Kapitel 2 auf die Funktionen, aber auch auf die Grenzen der Verwendung dieses Mediums eingegangen. Sowohl die Rolle, die diese Bücher für erfolgreiches Lernen spielen, als auch die Schwierigkeiten, die sie ihren Lesern bereiten können, werden erläutert.

In Kapitel 3 werden die für diese Arbeit zentralen Konzepte Fach und Fachlichkeit dargestellt, die eine Grundlage für die Analyse der Fachsprachlichkeit verschiedener Berufsfelder darstellen. Im Anschluss daran wird in Kapitel 4 die Fachlichkeit der Berufsfelder Körperpflege und Elektrotechnik erörtert.

Kapitel 5 stellt die Besonderheiten und die Funktionen von Fachsprache dar. In Kapitel 6 wird aufgezeigt, welche fachsprachentypischen Wortbildungen, syntaktischen Besonderheiten und Arten informierender Bilder das Register Fachsprache kennzeichnen. Außerdem wird aufgezeigt, wie diese Strukturen das Merkmal Fachsprachlichkeit bestimmen.

Kapitel 7 widmet sich bisherigen registervergleichenden Studien. Es dient sowohl der Darstellung von Methoden, die bisher in diesem Bereich zum Einsatz gekommen sind, als auch der Darstellung von Ergebnissen, die für diese Arbeit relevant sind.

Der empirische Teil dieser Arbeit beginnt mit Kapitel 8. Es werden Informationen über die Korpora dargestellt und das Tagging der Daten erläutert. Außerdem wird erklärt, auf welche Weise die Daten annotiert und ausgewertet wurden.

In Kapitel 9 erfolgen die Deskription und die Diskussion des Frequenzvergleichs der fachsprachentypischen Wortbildungen in den Texten der Berufsfelder Körperpflege und Elektrotechnik. Die Ergebnisse des Vergleichs der Satzlängen und die Ergebnisse des Frequenzvergleichs fachsprachentypischer syntaktischer Strukturen werden in Kapitel 10 dargestellt und diskutiert. Im Anschluss wird in Kapitel 11 auf das Vorkommen logischer Bilder in den Büchern der verschiedenen Berufsfelder eingegangen.

Die zusammenfassende Interpretation der Ergebnisse erfolgt in Kapitel 12. Abschließend wird in Kapitel 13 ein Ausblick auf mögliche didaktische Konsequenzen der Ergebnisse sowie auf mögliche künftige Forschungsschwerpunkte gegeben.

2   Das Medium Schulbuch

In der Pädagogik wird als Medium ein Mittel oder ein Mittler bezeichnet, mit dessen Hilfe der Unterrichtsinhalt an die Schüler vermittelt werden kann (vgl. Meyer 2010, 148). Zu den ältesten Medien gehören Tafel und Schreibwerkzeug. Heute gehören Schulbücher und -hefte, Stifte, Atlanten, Landkarten und Fremdwörterlexika zum Schulalltag. Weitere Medien sind beispielsweise das Sprachlabor, Videoausstattung, Taschenrechner, Computer, Fernstudienlehrgang und Medienlabor (ebd., 148). Steindorf (1995) nimmt eine Einteilung von Medien in vier Gruppen an, wobei sich Überschneidungen nicht vermeiden lassen und die so genannten neuen Medien noch nicht berücksichtigt wurden: Die erste Gruppe stellen Bücher und Zeitungen dar, zu denen vor allem die Schulbücher zählen. Zu der Gruppe der Lehr- und Lernmaterialien zählt er „Anschauungsmittel, Spielmittel, Memoriermittel, Bearbeitungsmittel, Arbeitsmittel und selbstinstruierendes Material". Reale Gegenstände, die die dritte Gruppe der Unterrichtsmedien darstellen, sind z. B. „Naturdinge", „Kulturdinge", „Gesteinssammlungen" etc. Die vierte Gruppe der Medien umfasst technische Medien wie z. B. „Apparate für Versuch, Beobachtung, Anschauung" (z. B. Mikroskope oder Fernrohre) und „audio-visuelle Medien" (Steindorf 1995, 207).

Die Diskussion um Unterrichtsmedien hat eine lange Tradition. Eine eigenständige Mediendidaktik entwickelte sich allerdings im deutschsprachigen Raum erst, als Heimann (1962) die Medienwahl als eigenständiges Entscheidungsfeld des Unterrichts auswies. Demnach können Medien verschiedene Funktionen haben. Nach Tulodziecki können sie u. a. zur Veranschaulichung von Prozessen und Sachverhalten eingesetzt werden oder indirekte Erfahrungen vermitteln. Sie können des Weiteren die Lehrfunktion übernehmen und die Lehrkraft entlasten und – z. B. im Sinne eines binnendifferenzierenden Unterrichts – flexiblere und wirkungsvollere Lehr- und Lernverfahren unterstützen oder „unter Nutzung des Multiplikatoreneffekts dazu dienen, für große Schülerpopulationen ein vergleichbares Lehrangebot bereitzustellen" (Tulodziecki 2006, 387). Medien sollen außerdem von Lehrenden und Lernenden für eigene Produktionen und Nachfragen genutzt werden und können darüber hinaus – wie es im Rahmen der hier vorgelegten Arbeit der Fall ist – „selbst zum Gegenstand der Analyse und Beurteilung werden" (ebd., 387).

In Bezug auf den Sinn von Medien nimmt Becker an, dass ein Unterricht ohne ihren Einsatz Schüler überfordert:

> „Ein Unterricht, der sich ausschließlich auf Sprache stützt und in dem keine Medien eingesetzt werden, spricht die Sinneskanäle der Schüler einseitig an

und überfordert sie. Ein solcher Unterricht bietet den Schülern zu wenig Abwechslung, stellt hohe Anforderungen an ihre Konzentrationsfähigkeit und fordert die Schüler nicht umfassend. Sie werden aggressiv oder arbeiten nicht mehr mit; die Lernerfolge sind dementsprechend gering." (Becker 1994, 113)

Dabei garantiert allerdings der Einsatz von Medien noch keinen erfolgreichen Unterricht; nur durch methodisches Handeln können mithilfe von Medien Lernerfolge erzielt werden:

> „Unterrichtsmedien sind ‚tiefgefrorene' Ziel-, Inhalts- und Methodenentscheidungen. Sie müssen im Unterricht durch das methodische Handeln von Lehrern und Schülern wieder ‚aufgetaut' werden." Meyer (1994, 150)

In der nicht akademischen beruflichen Bildung kommt im fachkundlichen Unterricht der Berufsschule vor allem das Medium Schulbuch, genauer das Fachkundebuch, zum Einsatz. Da die Fachkundebücher eine Subgruppe der Schulbücher darstellen, werden in diesem Kapitel zum einen die Funktionen von Schulbüchern erläutert und zum anderen wird die Problematik erläutert, dass Schulbücher für ihre Adressaten auch Verstehensbarrieren darstellen können.

Das Medium Schulbuch kann nach Stein (1977) als „Informatorium", „Paedagogicum" und als „Politicum" betrachtet werden. Als Textart wird es zwischen dem Sachbuch und dem wissenschaftlichen Fachbuch eingeordnet (vgl. Wiater 2003, 12).

Wiater (2005) unterscheidet zwischen Schulbüchern im engeren und im weiteren Sinn:

> „Unter einem Schulbuch versteht man im engeren Sinne ein überwiegend für den Unterricht verfasstes Lehr-, Lern- und Arbeitsmittel in Buch- oder Broschüreform und Loseblattsammlungen, sofern sie einen systematischen Aufbau des Jahresstoffs enthalten; in einem weiteren Sinne zählen zum Schulbuch auch Werke mit bloß zusammengestelltem Inhalt wie Lesebücher, Liederbücher, Atlanten und Formelsammlungen." (Wiater 2005, 43)

Wenn sie im Unterricht zum Einsatz kommen, müssen Schulbücher im engeren Sinne in Deutschland mit den Lehrplänen des betreffenden Faches übereinstimmen, die sich nach Bundesland, Altersstufe und Schulart unterscheiden (vgl. ebd., 43). Sie bedürfen in der Regel der Zulassung durch das Kultusministerium oder die zuständige Behörde des jeweiligen Bundeslandes (vgl. Wendt 2010). Zu diesem Prüfverfahren äußert sich die Ständige Konferenz der Kultusminister der Länder in der Bundesrepublik Deutschland wie folgt:

„Schulbücher bedürfen der Zulassung durch das zuständige Kultusministeri-um. Der Genehmigung geht in der Regel ein förmliches Begut-achtungsverfahren voraus. Sie wird erteilt, wenn die Bücher allgemeinen Verfassungsgrundsätzen und Rechtsvorschriften nicht widersprechen, sie lehrplankonform und didaktisch wie sprachlich geeignet sind. Außerdem dür-fen sie einen bestimmen Kostenrahmen nicht überschreiten." (KMK 2010)

Dieses Zulassungsverfahren ist von Bundesland zu Bundesland unterschiedlich streng geregelt (vgl. Wiater 2005, 50), und über die Zulassung oder eben die Nicht-Zulassung wird Einfluss auf den Unterricht genommen:

„Über Schulbücher, deren Lehrplankonformität von der Kultusbehörde über-prüft und die dann für den Unterricht zugelassen werden, wirkt der Staat also auf indirektem Wege in die Schule hinein." (ebd., 42)

Eine Ausnahme von dieser Pflicht zur Zulassung bilden Lehrwerke für den fach-theoretischen und -praktischen Unterricht in den beruflichen Schulen, da diese in den meisten Bundesländern pauschal als zugelassen gelten (vgl. z. B. Stöber 2010, 5; VdS Bildungsmedien e.V. 2010). Trotz der Befreiung von der Zulassungspflicht müssen jedoch auch diese Bücher bestimmten Kriterien entsprechen und unterlie-gen auf diese Weise ebenfalls einer Kontrollinstanz: Meist wird die Entscheidung für die Auswahl und Einführung eines Lehrbuchs von der Lehrer- oder Fachkonfe-renz der einzelnen Schule und der Schulleitung getroffen (vgl. Stöber 2010, 5). So fanden Hecht et al. heraus, dass die Auswahl eines Fachkundebuches für das Be-rufsfeld Körperpflege bei zwei Dritteln der an der Untersuchung teilnehmenden Schulen auf den Fach- und Schulkonferenzen getroffen wird und in nur einem Viertel der Schulen der individuellen Wahl des Fachlehrers obliegt (vgl. Hecht et al. 1996, 60).

2.1   Einsatz und Funktionen von Schulbüchern

Schulbücher haben die Aufgabe, „einem klar umrissenen Lernerkreis in didaktisch und methodisch aufbereiteter Form gesichertes fachliches Wissen" zu vermitteln (Baumann 1998c, 728). Somit können sie u. a. als „pädagogische Hilfsmittel" be-trachtet werden (Stein 1985, 581 ff.). Entsprechend beschreibt Fröhlich das Schul-buch als Träger von Motivationsimpulsen, als Sammlung von Arbeitsmaterialien, als Nachschlagewerk, als Überblicksdarstellung, als Materialsammlung und Medi-enkompendium sowie als Aufgabensammlung (vgl. Fröhlich 1997, 427). Bullinger et al. schließen in die Funktionen, die Schulbücher erfüllen, auch die Hilfe ein, die diese für die Unterrichtsvorbereitungen von Lehrern darstellen:

„Das Schulbuch ist ein kompaktes Informations- und Arbeitsmittel, bestimmt und lenkt als Basis- und Leitmedium den Unterricht, verknüpft als Verbundmedium unterschiedliche Medien miteinander, ist der eigentliche ‚Umschlagplatz' für fachliche und didaktische Neuerungen und somit nach wie vor der ‚heimliche Lehrplan', ermöglicht insbesondere auch fachfremd unterrichtenden Kollegen eine schnelle und effektive Einarbeitung, hat für den Lehrer generell eine Entlastungsfunktion." (Bullinger et al. 2005, 68)

Die Auffassung vom Schulbuch als „heimlichem" (Zinnecker 1975) oder als „zum Leben erwecktem Lehrplan" besteht bereits seit den 1970er Jahren:

„Schulbücher sind die zum Leben erweckten Lehrpläne. Erst die Texte, die in den Lesebüchern stehen, die Arbeitsaufgaben in den Sachbüchern und die Schilderungen in den Geschichtsbüchern machen deutlich, was die formalen und notwendigerweise inhaltsleeren Formulierungen des Lehrplanes meinen. Wer die Schulbücher kennt, weiß, was an den Schulen wirklich geschieht." (Kuhn 1977, 9)

Die Annahme, das Schulbuch sei der „heimliche" oder „zum Leben erweckte" Lehrplan und beeinflusse die Unterrichtsgestaltung wesentlich, wird von wissenschaftlichen Befunden zum Einsatz von Schulbüchern unterstützt: Diese zeigen, „dass Lehrer dazu neigen, das Schulbuch als Grundlage für ihre Unterrichtsplanung und -gestaltung zu verwenden" (Bauer 1995, 231). Böhm und Hehlmann gehen sogar davon aus, dass Schulbücher den Unterricht nicht nur unterstützen, ergänzen und vertiefen, sondern teilweise sogar ersetzen (vgl. Böhm, Hehlmann 2000, 477). Dies weist darauf hin, dass Schulbücher nicht nur als „pädagogische Hilfsmittel", sondern darüber hinaus der Konstruktion sowie der Rekonstruktion von Unterricht dienen.

Dass Schulbücher wesentlichen Einfluss auf die Unterrichtsplanung und den Unterrichtsverlauf haben, gilt nicht nur für die zulassungspflichtigen, sondern auch für die zulassungsfreien Schulbücher, denn

„[...] fachkundliche Schulbücher des Berufsfeldes Körperpflege haben eine hohe Relevanz für die Wissensvermittlung: Sie sind Ausdruck des berufsfeldspezifischen Curriculums und sie bestimmen unterrichtliche Prozesse als konstitutives Moment der Unterrichtsplanung und des Unterrichtsverlaufs wesentlich mit." (Hecht et al. 1996, 66)

Die dieser Aussage zugrunde liegende Untersuchung von Hecht et al. zur Verwendung von Fachkundebüchern im Bereich Körperpflege zeigt ferner, dass Lehrer die

Fachkundebücher bevorzugt zur Vorbereitung der Schüler auf Tests und Gesellen-
prüfungen einsetzen und dass Schulbücher von Schülern darüber hinaus auch au-
außerhalb des Unterrichts für das selbstständige Nacharbeiten von Unterrichtsstoff
eingesetzt werden:

> „Am häufigsten werden die Bücher zur Vorbereitung von Tests und Gesellen-
> prüfungen eingesetzt, relativ oft auch für die Festigung eines Themas im
> Unterricht, für Stillarbeiten und für die selbständige (mündliche) Nachberei-
> tung eines Themas." (ebd., 328)

Aufgrund dieser Befunde kann angenommen werden, dass der kompetente Umgang
mit diesem Medium bzw. das Verstehen der Schulbuchtexte eine wichtige Voraussetzung für das erfolgreiche Absolvieren einer Ausbildung darstellt. Auf die
Relevanz dieses Mediums für erfolgreiches Lernen in der beruflichen Bildung weisen auch die Aussagen hin, dass Schulbücher für Schüler die nahezu einzige
Möglichkeit zur Vor- und Nacharbeit von Lernstoff darstellen (vgl. Speth 1995,
365), dass sie Lernenden ein „selbstbestimmtes, lehrerunabhängiges Lernen auch
außerhalb des Unterrichts" ermöglichen sollen (Sretenovic 1992, 24) und dass sie
von Schülern u. a. zur Bearbeitung von Hausaufgaben, zum Nachholen von versäumten Unterrichtsstunden oder zur Vorbereitung auf Prüfungen eingesetzt
werden (vgl. Borau 1999, o. S.). Schulbücher sind also „neben den Lehrpersonen
die nahezu einzige fachspezifische Informationsquelle für Lernende" (Hecht et al.
1996, 63) und stellen damit eine zentrale Voraussetzung für die Auseinanderset-
zung mit Fachinhalten sowie für den Erwerb und den Ausbau von Fachwissen und
Fachkompetenzen im Rahmen (beruflicher) Bildungsprozesse dar (vgl. Fluck 1992,
142; Oldenburg 1992, 38). Aus diesem Grund zählt Gogolin Schulbücher zum Register Bildungssprache, dessen Beherrschung für den Bildungskontext von zentraler
Bedeutung ist (vgl. Gogolin 2009, 268). (Zu den Konzepten Bildungs- und Schulsprache siehe auch Abschnitt 13.2).

Angesichts der großen Bedeutung des Mediums Schulbuch überrascht die geringe
Anzahl der empirisch fundierten Studien, die zu Verwendungsarten von Schulbüchern und ihrer Integration in Lehr-/Lernprozesse vorliegen. Hier ist deutlich ein
Desiderat an Forschung zu konstatieren. So steht u. a. eine aktuelle Untersuchung
dazu aus, wie oft und auf welche Weise Schul- und Fachkundebücher heute von
Lehrenden und Lernenden eingesetzt werden und wie sie Lehr- und Lernprozesse
innerhalb und außerhalb von Unterricht beeinflussen.

2.2 Schulbücher als mögliche Verständnisbarriere beim Wissenserwerb

Angesichts der dem Schulbuch unterstellten „zentralen Steuerungsfunktion im Schulsystem (...)" (Heinze 2005, 9) wird immer wieder gefordert, dass Schulbücher sowohl in sachlicher als auch in sprachlicher Hinsicht der schulischen Lehr- und Lernsituation angemessen sein sollen (vgl. Stein 2003, 26). Speth, der sich zum Schulbuch als „wichtigem Medium im Wirtschaftslehre-Unterricht" äußert, weist jedoch auf Probleme des Schulbucheinsatzes hin:

> „Zwischen der Realität und der Schulbuchinformation gibt es zwangsläufig Diskrepanzen. Einerseits kann das Schulbuch schon aus organisatorischen Gründen heraus niemals in allen Dingen auf dem aktuellsten Stand sein, und zum anderen läßt sich die Wirklichkeit nie vollkommen in Buchwissen umsetzten. Kleine Fehler, subjektive Wertungen, nicht hinreichend ausgewogene Auswahl der Fakten, unvollständige Darstellung der Stoffinhalte aus Gründen der ‚methodischen Aufbereitung', Verniedlichungen u. a. lassen häufig ein verfälschtes Weltbild entstehen. Dieser Umstand wiegt sehr schwer, da vom Schulbuch eine suggestive Kraft auf den Schüler ausgeht. Was im Buch steht, das gilt! Der Lehrer ist daher verpflichtet, die Frage zu überprüfen, wie weit das eingeführte Buch hinter der Wirklichkeit herhinkt." (Speth 1995, 358)

Neben dieser inhaltlichen Kritik wird ebenfalls bemängelt, dass Schulbücher ihre Funktion der Motivierung nur eingeschränkt erfüllen. So beanstandet Vester bereits 1975 bei Schulbüchern und deren Autoren:

> „Solange Schulbuchautoren es nicht verstehen oder nicht für nötig halten, ihre eigentliche Aufgabe zu erfüllen – nämlich das Buch für den Schüler zum Gesprächspartner zu machen und Neugier, Staunen, Begeisterung, Beziehung zum Leben, Spaß und Spannung bei ihm zu wecken –, so lange ignorieren sie die Gesetze der Gehirnfunktionen, und so lange müssen Schüler mit Büchern vorliebnehmen, die ihnen oftmals mehr schaden als nützen." (Vester 1975, 188)

Zudem gibt es Hinweise, dass Schulbücher Jugendlichen auch aufgrund ihrer sprachlichen Gestaltung Schwierigkeiten bereiten können und damit zu „einem großen Hindernis statt zu einer Hilfe beim Erwerb des fachlichen Wissens werden" (Ohm et al. 2007, 9). Speth z. B. geht davon aus, „die Ansicht, das Buch sei dem Schüler im Anschluss an den Unterricht in jedem Fall verständlich", sei „irrig" (Speth 1995, 358). Auch Wellenreuthers Kritik bezieht sich v.a. auf den sprachlichen Stil: Er geht davon aus, dass „Schulbücher [...] in Deutschland nicht daraufhin überprüft [werden], ob sie verständliche Erklärungen, ein gut strukturiertes Übungsprogramm, verständliche Zusammenfassungen und sinnvolle Anwendungsaufgaben enthalten" (Wellenreuther 2004, 24 f.). Entsprechend schlussfolgern Ottich und Kowalczyk 1992, dass „die sprachliche Darbietung des Lernstoffs für den Schüler eine zusätzliche Hürde" darstelle, da „Wendungen des Textes, eigentlich dazu bestimmt, den Sachverhalt klar und anschaulich vorzustellen, [...] ihrerseits erst entschlüsselt werden [müssen]" (Ottich, Kowalczyk 1992, 341).

Diese Äußerungen werden durch die Ergebnisse von Schülerbefragungen zu Physikbüchern für die Sekundarstufe I unterstützt: Schüler finden ihre Physikbücher u. a. aufgrund der sprachlichen Komplexität unverständlich und nutzen sie daher kaum (vgl. Starauschek 2003, 135; Merzyn 1994, 236). Ebenso konstatieren Chemielehrer, die zu Chemiebüchern für die Sekundarstufe I befragt wurden, dass Schüler neue Inhalte mithilfe der Schulbuchtexte nicht selbstständig ohne große Verständnisschwierigkeiten erarbeiten können (vgl. Beerenwinkel, Gräsel 2005, 30). Tests zum verstehenden Lesen längerer Abschnitte aus Schulbüchern für das Fach Geschichte zeigen zudem, dass auch diese Bücher von ihren Adressaten nicht ausreichend verstanden werden (vgl. von Borries 2010, 105 ff.)

In Bezug auf die hier genannten Verständnisschwierigkeiten äußern Wolf et al., dass diese in der Syntax und im Fachwortschatz begründet seien:

> „Welche Probleme tauchen bei der Vermittlung von chemischen Inhalten auf? Zuallererst fallen in diesem Zusammenhang die Schulbücher auf. Diese müssen verständlicher werden [...]. Verschachtelte Sätze, aber auch ein geballter Anteil an Fachtermini, bewirken bei den Schülern eher Unverständnis." (Wolf et al. 1999, 127)

Ein Grund für die mangelnde Verständlichkeit der Schulbücher könnte die unzureichende sprachliche Anpassung an unterschiedliche Adressaten sein. So fand Merzyn (1999) in sprachstatistischen Analysen von Physikbüchern heraus, dass sich die Fachwortschatzdichte von Schulbüchern für Schüler unterschiedlichen Alters und unterschiedlicher Schulformen nicht unterscheidet: Er untersuchte das Vorkommen von Fachwörtern in zwölf Schulbüchern für die Sekundarstufe I, die im gleichen Bundesland zugelassen waren und damit dem gleichen Lehrplan entsprachen. Drei der untersuchten Bücher hatten als Adressaten Haupt- und Realschüler der Klassen 5/6, weitere drei Bücher richteten sich an Haupt- und Realschüler der Klassen 7/8, drei Bücher waren für Gymnasiasten und Realschüler der Klasse 5/6 verfasst und die übrigen drei Bücher hatten Gymnasiasten und Realschüler der Klasse 7 bis 10 als Adressaten. Merzyn erwartete, dass sich die Bücher für die vier Adressatengruppen in der Fachwortdichte stark unterscheiden, jedoch war der Anteil der Fachwörter in allen Büchern trotz der unterschiedlichen Adressaten gleich hoch:

> „Alle unsere Ergebnisse weisen auf eine Fachsprache hin, die sich von Adressatengruppe zu Adressatengruppe praktisch nicht unterscheidet. [...] Es liegt auf der Hand, dass unter der mangelnden sprachlichen Anpassung der Schulbücher an unterschiedliche Adressaten am stärksten die jungen Hauptschüler zu leiden haben." (Merzyn 1999, 116)

Eine verständliche und zielgruppenorientierte Textgestaltung allein ist noch keine hinreichende Bedingung für den Wissenserwerb beim schulischen Fachlernen (vgl. Starauschek 2006, 147). Angesichts des hier erläuterten mangelnden Adressatenbezugs und mit Blick auf die Unzufriedenheit der Lehrer und Schüler mit der Schulbuchsprache besteht jedoch die Notwendigkeit, „sich mit der Sprache im naturwissenschaftlichen Unterricht mehr zu beschäftigen und sie sorgfältig zu prüfen" (Merzyn 1999, 115), gerade auch, da es vermutlich nur „ein kleiner Schritt von der fragwürdigen Sprache des naturwissenschaftlichen Unterrichts zu seiner Unbeliebtheit [ist]" (ebd. 115).

Bezüglich ihres sprachlichen Stils werden nicht ausschließlich diejenigen Schulbücher kritisiert, die in der Sekundarstufe I eingesetzt werden; auch die Lehrwerke für den fachtheoretischen und den fachpraktischen Unterricht im System der beruflichen Bildung werden negativ beurteilt. So stellen Hecht et al. fest, dass Fachkundebücher im Berufsfeld Körperpflege „nur unzulänglich die ihnen zugeschriebenen Funktionen zur Unterstützung der fachtheoretischen und fachpraktischen Ausbildung angehender Friseure" erfüllen (Hecht et al. 1996, 56). Hechts Lehrerbefragungen zu Fachkundebüchern für das Berufsfeld Körperpflege zeigen, dass 79 % aller befragten Lehrkräfte bei den Schülern Verständnisschwierigkeiten bei der Arbeit mit Texten aus Fachkundebüchern feststellen. Als Ursachen werden – wie auch in Bezug auf die Chemiebücher – u. a. die hohe Anzahl der Fachbegriffe und Fremdwörter (semantische Überfrachtung) sowie die komplexe Syntax genannt (vgl. ebd., 61).

Die Ergebnisse der hier erwähnten Untersuchungen zu Physik-, Chemie- und Körperpflegelehrwerken deuten darauf hin, dass Schulbücher die „Unterstützung und Entlastung schulischer Lernprozesse", die nach Wiater eine wichtige pädagogisch-didaktische Funktion von Schulbüchern darstellen (Wiater 2003, 14), nicht immer gewährleisten können. Zudem wird durch den Einsatz von Schulbüchern die Chancengleichheit im Bildungswesen, in der eine zentrale gesellschaftliche Funktion des Schulbuches besteht (vgl. ebd., 14), nicht immer gefördert. Denn der sprachliche

Stil dieser Bücher beeinträchtigt deren Verständlichkeit so, dass die geforderte „methodische Aufbereitung der Texte, welche die Aufnahme des Inhalts erleichtern und bestmögliche Wirkungen erzielen soll" (Bamberger 1995, 47) nicht immer selbstverständlich gegeben ist.

Zusammenfassend kann konstatiert werden, dass Schulbücher einerseits eine bedeutende Rolle für den Wissenserwerb spielen, andererseits jedoch Verständnisbarrieren darstellen können. Dabei hängt Textverständlichkeit zwar nicht nur von textimmanenten Merkmalen wie sprachlichem Stil und inhaltlicher bzw. kognitiver Strukturierung ab, sondern in hohem Maß auch von Lesereigenschaften wie Vorwissen, Intelligenz, Motivation etc. (vgl. Christmann, Groeben 1999). Und obwohl somit eine verständliche Textgestaltung allein keine hinreichende Bedingung für den Wissenserwerb beim Fachlernen ist (vgl. Starauscheck 2006, 147), bleibt doch zu klären, durch welche sprachlichen Besonderheiten Fachtexte, die in der beruflichen Bildung eingesetzt werden, gekennzeichnet sind und wie sich diese möglicherweise auf die Textverständlichkeit auswirken können. Bevor daher in Kapitel 5 auf die Begriffe Fachsprache und Fachtext sowie auf deren Funktionen eingegangen wird, werden zunächst in Kapitel 3 die Konzepte Fach und Fachlichkeit und in Kapitel 4 die Fachlichkeit der Berufsfelder Körperpflege und Elektrotechnik erläutert.

3 Fach und Fachlichkeit

Thema der hier vorgelegten Arbeit ist die Fachsprachlichkeit von Lehrbuchtexten verschiedener Berufsfelder. Wird über Fachsprachlichkeit gesprochen, ergibt sich die Notwendigkeit, auch auf die Konzepte Fach und Fachlichkeit einzugehen.

3.1 Zur Definitionsproblematik des Fachbegriffs

Bei dem Versuch einer Definition des Begriffs Fach zeigt sich sehr schnell, dass bisher kaum Aussagen dazu vorliegen, wie ‚Fach' und ‚Fachlichkeit' definiert und bestimmt werden können (vgl. Niederhauser 1999, 62). Auch die Fachsprachenforschung hat sich mit der Frage nach den Definitionen von Fach und Fachlichkeit bisher kaum beschäftigt. Die folgende Aussage Kalverkämpers aus dem Jahr 1992 ist daher auch heute noch gültig:

> „Um so erstaunlicher ist es dann festzustellen, daß die Fachsprachen-Forschung sich bislang in ihrer etwa fünfundzwanzigjährigen Geschichte noch gar nicht um den Begriff des Faches bemüht, bis auf wenige Einzelstimmen ihn als Problem noch nicht einmal erkannt hat." (Kalverkämper 1992, 32)

Die wenigen Definitionen, die für den Begriff Fach vorliegen, betonen Arbeitsteilung als Kriterium für die Bestimmung von Fach und Fachlichkeit:

> „Unter einem Fach soll im weiteren ein relativ selbständiger Tätigkeitsbereich verstanden werden, welcher sich innerhalb der wissenschaftlichen Tätigkeit im Prozeß der zunehmenden Arbeitsteilung herauskristallisiert hat." (Baumann 1992b, 145)

Ähnlich definiert Adamzik Fach „als eine Menge von Kenntnissen und Fertigkeiten, die gesamtgesellschaftlich erarbeitet worden sind, die aber nicht an alle Mitglieder der Gesellschaft (in den allgemeinen Ausbildungsinstitutionen) weitergegeben werden" (Adamzik 1998, 184).

3.2 Grade der Fachlichkeit

Mit der Auffassung, dass Arbeitsteilung und Exklusivität fachbestimmende Merkmale darstellen, geht einher, dass Fachwissen nicht allen Mitgliedern einer Gesellschaft zur Verfügung steht. Folglich – so die These – sei der Fachlichkeitsgrad umso höher, je weniger Mitglieder einer Gesellschaft über entsprechende Kenntnisse und Fertigkeiten verfügen:

„Den niedrigsten Grad von Fachlichkeit hätten demgemäß diejenigen Kenntnisse und Fertigkeiten, die in den für alle Mitglieder der Gesellschaft vorgesehenen Ausbildungsgängen vermittelt werden; der Fachlichkeitsgrad steigt in dem Maße an, wie die zum Erwerb der Kenntnisse notwendige Ausbildung sich gegenüber dem Minimum verlängert und spezialisiert (gemessen an der Menge der Gesellschaftsmitglieder, die die Ausbildung durchlaufen). Den höchsten Grad an Fachlichkeit hätten dabei Kenntnisse und Fertigkeiten, die überhaupt (noch) nicht in einem Ausbildungsgang weitergegeben werden, sondern soeben erst erarbeitet worden sind (Forschung)." (Adamzik 1998, 184)

Diese Aussage impliziert, dass der Grad der Fachlichkeit in Abhängigkeit des Spezialisierungsgrades von „Kenntnissen und Fertigkeiten" variiert, und zwar sowohl in Abhängigkeit von der Anzahl der Mitglieder der Gesellschaft, denen diese Kenntnisse und Fertigkeiten vermittelt werden, als auch in Abhängigkeit der Spezialisierung und Dauer der Ausbildung, die für den Erwerb der Kenntnisse und Fertigkeiten veranschlagt ist.

Die Entstehung von Fächern sehen Möhn und Pelka (1984, 31) in „charakteristischen Komplexen von Arbeitsverrichtungen", also in Berufen, wobei ein Fach verschiedene Berufe umfassen kann:

„Dabei ist zu beachten, daß man nicht jedes Fach mit einem einzelnen Beruf identisch setzen, sondern ein Fach durchaus mehrere Berufe bzw. Berufsgruppen umfassen kann." (ebd., 31)

Da in Deutschland nicht in Fächern, sondern in Berufen ausgebildet und gearbeitet wird, die wiederum bestimmten Berufsfeldern zugeordnet sind, muss an dieser Stelle ebenfalls auf die Konzepte „Beruf" und „Berufsfeld" eingegangen werden. Der Fokus liegt in der hier vorgelegten Arbeit auf der beruflichen Bildung, genauer auf den Bereichen der Berufsausbildung und des Übergangssystems.

Das Statistische Bundesamt definiert Beruf als „die auf Erwerb gerichteten, charakteristischen Kenntnisse und Fertigkeiten sowie Erfahrungen erfordernde und in einer typischen Kombination zusammenfließende Arbeitsverrichtung [..]" (Statistisches Bundesamt 1992, 15). Im Wörterbuch der Pädagogik wird Beruf mit dem ebenfalls für den Begriff Fach relevanten Bezug auf die Arbeitsteilung definiert als die

„Kombination von Kenntnissen, Fähigkeiten, Fertigkeiten, technischen Regeln und Verfahren, deren Beherrschung für das Erbringen einer speziellen

Leistung innerhalb einer arbeitsteilig organisierten Wirtschaft und deren ‚Verkauf' auf dem Arbeitsmarkt dem einzelnen Berufsinhaber die ‚Grundlage für eine kontinuierliche Versorgungs- und Erwerbschance' bietet." (Böhm, Hehlmann 2000, 66)

Berufe können wiederum Berufsfeldern zugeordnet werden, die Gruppen von Berufen enthalten. Die zu dem gleichen Berufsfeld zugehörigen Berufe weisen bezüglich der Tätigkeit, dem Ausbildungsweg und ihrer Anforderungen gewisse Verwandtschaften auf (vgl. Häfeli, Gasche 2002, 2). Eine umfassendere Definition des Begriffs stammt von Pahl (2001):

„Ein Berufsfeld stellt die Gesamtheit der in ihm vereinigten Berufe dar, wobei es durch die involvierten und in diesem Bereich arbeitenden Personen mit ihren entsprechenden Qualifikationen, durch die erforderlichen Tätigkeiten und die technischen Gegebenheiten bzw. anderweitigen Arbeitsmittel, Arbeitsgegenstände und -methoden nicht-technischer Art repräsentiert wird. (...) Das jeweils spezifische Berufsfeld wird durch den Inhalt und die Ausformung der in ihm vereinigten Berufe charakterisiert." (Pahl 2001, 18)

Da für die vorliegende Arbeit die Berufsfelder Körperpflege und Elektrotechnik von besonderem Interesse sind, wird im folgenden Kapitel 4 der Annahme variierender Fachlichkeit folgend die Fachlichkeit dieser beiden Berufsfelder analysiert. Bisher liegen allerdings keine empirisch abgesicherten Konzepte der Begriffe Fach und Fachlichkeit vor, gerade auch, weil der Begriff „Fach" mehrdimensional ist. So wird er je nach gesellschaftlichem Segment und Kontext unterschiedlich institutionalisiert und kann sich auf Schule, Wissenschaft oder Arbeit beziehen. Entsprechend liegen keine Methoden zur Bestimmung des Fachlichkeitsgrades von Fächern, Berufsfeldern und Berufen vor, sodass die nachfolgenden Ausführungen spekulativ bleiben müssen.

4 Zur Fachlichkeit der Berufsfelder Körperpflege und Elektrotechnik

Das Bundesinstitut für Berufsbildung (BIBB) hat 2008 54 Berufsfelder definiert (vgl. Tiemann et al. 2008). Das Berufsfeld Körperpflege umfasst die Ausbildungsberufe Friseur und Kosmetiker (vgl. ebd., 37). Zu den Elektroberufen zählen die einschlägigen industriellen und die handwerklichen Berufe. Nach der Neuordnung der Elektroberufe in Industrie und Handwerk (vgl. z. B. Borch, Weissmann 2003), die am 1. August 2003 in Kraft getreten ist, wird in den folgenden industriellen Elektroberufen ausgebildet[3]:

- Elektroniker für Gebäude- und Infrastruktursysteme,
- Elektroniker für Betriebstechnik,
- Elektroniker für Automatisierungstechnik,
- Elektroniker für luftfahrttechnische Systeme,
- Elektroniker für Geräte und Systeme,
- IT-Systemelektroniker,
- Systeminformatiker,
- Elektroniker für Maschinen und Antriebstechnik[4],
- Elektroanlagenmonteur,
- Industrieelektriker (BIBB 2010a).

Im Bereich der handwerklichen Elektroberufe, die ebenfalls zuletzt 2003 neu geordnet wurden, wird in den folgenden anerkannten Ausbildungsberufen ausgebildet:

- Elektroniker[5],
- Systemelektroniker,
- Elektroniker für Maschinen und Antriebstechnik[6] (BIBB 2010b).

---

3 Zur Berufsentwicklung im Berufsfeld Elektrotechnik und zur Kritik an der Zuordnung von Ausbildungsberufen zu diesem Berufsfeld siehe Rauner 2002.

4 Der Beruf Elektroniker für Maschinen und Antriebstechnik wird ohne Spezialisierung nach Fachrichtungen oder Schwerpunkten in der Industrie und im Handwerk ausgebildet (Bundesinstitut für Berufsbildung 2006).

5 Diese bundesweit geregelte 3 1/2-jährige Ausbildung wird im Handwerk in den folgenden Fachrichtungen angeboten: Energie und Gebäudetechnik, Automatisierungstechnik, Informations- und Telekommunikationstechnik (Bundesinstitut für Berufsbildung 2010b).

6 Dieser Beruf wird in der Industrie und im Handwerk ausgebildet (s.o.).

Im Rahmen dieses Kapitels wird der Versuch unternommen, die beiden Berufsfelder Körperpflege und Elektrotechnik hinsichtlich ihrer Fachlichkeit miteinander zu vergleichen. Als Variable der Variation von Fachlichkeit wird – wie im vorhergehenden Kapitel 3 ausgeführt – die Anzahl der Mitglieder der Gesellschaft betrachtet, die über entsprechende Kenntnisse und Fertigkeiten verfügen. Als Indikatoren hierfür dienen die Zahl der Erwerbstätigen in den beiden Berufsfeldern sowie die Zahl der Ausbildungsverträge. Darüber hinaus werden Ausbildungsinhalte hinsichtlich ihres Bekanntheitsgrades bei Personen analysiert, die nicht in den jeweiligen Berufsfeldern ausgebildet sind.

Weitere Variablen für die Bestimmung der Fachlichkeit dieser beiden Berufsfelder stellen die Dauer und die Spezialisierung der „zum Erwerb der Kenntnisse notwendigen Ausbildung" (Adamzik 1998, 184) dar. Während die Ausbildungsdauer leicht zu ermitteln ist, müssen für das Kriterium Spezialisierung zunächst Indikatoren bestimmt werden. Im Rahmen dieser Arbeit werden als Indikatoren für die Spezialisierung eines Fachs oder Berufsfelds sein Entwicklungstempo sowie die Ausdifferenzierung in anerkannte Ausbildungsberufe und Studiengänge herangezogen. Zudem wird untersucht, welche Zugangsvoraussetzungen in den beiden Berufsfeldern von Auszubildenden gefordert werden.

4.1 Anzahl der über Fachkenntnisse und fachliche Fertigkeiten verfügenden Personen

Auf die Zahl der Mitglieder einer Gesellschaft, die über Kenntnisse und Fertigkeiten in einem bestimmten Fach verfügen, können die Verteilung der Erwerbstätigen auf die Berufsfelder und die Anzahl der Auszubildenden in diesem Bereich hinweisen (siehe Abschnitt 4.1.1). Diese Zahlen liefern jedoch nicht ausreichend Informationen über die Verbreitung des entsprechenden Fachwissens bzw. der relevanten Kenntnisse und Fertigkeiten bei denjenigen Mitgliedern der Gesellschaft, die nicht in den jeweiligen Berufsfeldern arbeiten oder ausgebildet sind. Daher werden in diesem Abschnitt über die quantitative Betrachtung der Erwerbstätigen und der Auszubildenden hinaus die Ausbildungsinhalte mit Blick auf ihren vermuteten Bekanntheitsgrad bei anderen Personen betrachtet (vgl. Abschnitt 4.1.2).

4.1.1 Anzahl der Erwerbstätigen und der Auszubildenden

Die Erhebung der Verteilung der Erwerbstätigen in Deutschland auf die 54 vom BIBB definierten Berufsfelder zeigt, dass 642.600 Erwerbstätige in den Elektroberufen und 299.462 Erwerbstätige in den Berufen der Körperpflege tätig sind (vgl. Tiemann et al. 2008, 16f.). Somit ist die Anzahl der Erwerbstätigen, die über berufsrelevante Kenntnisse und Fertigkeiten im Elektrobereich verfügen, etwa doppelt so groß wie die derjenigen Mitglieder, die über solche Kenntnisse und Fertigkeiten im Berufsfeld Körperpflege verfügen. In Bezug auf diese Daten ist jedoch zu berücksichtigen, dass sie nicht ausreichend Informationen zu der Anzahl der insgesamt ausgebildeten Fachkräfte liefern, da weder die Zahl der ausgebildeten erwerbslosen Personen noch die der Ausgebildeten, die in anderen Branchen tätig sind, berücksichtigt wird.

Weitere und detailliertere Informationen liefert daher die quantitative Auswertung der Ausbildungsverträge, die in den beiden Berufsfeldern abgeschlossen werden. So wurden im Jahr 2009 in den Berufen Friseur und Kosmetiker, die zum Berufsfeld Körperpflege zählen, 15.463 bzw. 516 neue Ausbildungsverträge abgeschlossen (vgl. BIBB 2010c). Im Berufsfeld Elektrotechnik wurden im Jahr 2009 insgesamt 23.820 Ausbildungsverträge abgeschlossen; dies sind wesentlich mehr als im Berufsfeld Körperpflege.

Tabelle 1 zeigt die Anzahl der neu abgeschlossenen Ausbildungsverträge in den derzeit gültigen Ausbildungsberufen des Berufsfelds Elektrotechnik (vgl. ebd.).

Tabelle 1: Neu abgeschlossene Ausbildungsverträge in den im Jahr 2009 gültigen Berufen aggregiert mit den Vorgängerberufen in Deutschland (vgl. BIBB 2010c)

Ausbildungsberuf	Anzahl abgeschlossener Ausbildungsverträge 2009
Elektroanlagenmonteur	199
Industrieelektriker	80
Elektroniker für Gebäude- und Infrastruktursysteme	196
Elektroniker für Betriebstechnik	5.747
Elektroniker für Automatisierungstechnik	1.768
Elektroniker für luftfahrttechnische Systeme	157
Elektroniker für Geräte und Systeme	2.327
IT-Systemelektroniker	2.109
Systeminformatiker	158
Elektroniker für Maschinen und Antriebstechnik	404
Elektroniker	10.560
Systemelektroniker	115
Gesamt	**23.820**

Die Tatsache, dass es im Bereich Elektrotechnik mehr über Zertifikate ausgewiesene Experten[7] als im Bereich Körperpflege gibt, beantwortet nicht die Frage, ob insgesamt mehr Personen dieser Gesellschaft über Kenntnisse und Fähigkeiten im Berufsfeld Elektrotechnik als im Berufsfeld Körperpflege verfügen. Denn über den Vergleich der Zahlen für Berufstätige und Auszubildende hinaus muss auch betrachtet werden, wie viele Mitglieder der Gesellschaft, die nicht im jeweiligen Berufsfeld ausgebildet sind, über Kenntnisse und Fertigkeiten in diesem Bereich verfügen. Daher wird im folgenden Abschnitt 4.1.2 versucht, Aussagen über den Bekanntheitsgrad der Ausbildungsinhalte bei Personen zu treffen, die nicht im jeweiligen Berufsfeld arbeiten oder ausgebildet sind. Diese Aussagen müssen allerdings angesichts der unzureichenden Forschungslage hierzu hypothetisch bleiben.

4.1.2   Bekanntheitsgrad fachlicher Inhalte bei Nichtexperten

Neben anderen Kriterien können die Ausbildungsinhalte anerkannter Ausbildungsberufe auf Unterschiede hinsichtlich der Anzahl der Mitglieder einer Gesellschaft hinweisen, die über Kenntnisse und Fertigkeiten in einem Fach verfügen. Denn Ausbildungsinhalte können daraufhin analysiert werden, ob sie, wenn auch in geringerem Maß als den Ausgebildeten, auch Laien bzw. Personen ohne eine Ausbildung in dem entsprechenden Berufsfeld bekannt oder vertraut sind. Hierzu werden Lernfelder der jeweiligen Ausbildungsberufe betrachtet, die nach einem Beschluss der Kultusministerkonferenz den Berufsschulunterricht für alle neugeordneten Ausbildungsberufe seit 1996 didaktisch-curricular bestimmen (vgl. Ständige Konferenz der Kultusminister der Länder in der Bundesrepublik Deutschland (KMK) 1996/2000). (Zum Lernfeldkonzept siehe z. B. Bader 2004).

Im Fach bzw. Berufsfeld Körperpflege wird in Deutschland in den anerkannten Ausbildungsberufen Friseur und Kosmetiker ausgebildet. Da die Anzahl der Auszubildenden in dem Ausbildungsberuf Friseur erheblich größer ist als die der Auszubildenden im Ausbildungsberuf Kosmetiker[8], werden exemplarisch die Inhalte bzw. die von der KMK in dem Rahmenlehrplan für den Ausbildungsberuf Friseur (vgl. KMK 2008, 8) definierten Lernfelder des Berufs Friseur daraufhin betrachtet, ob auch Nichtausgebildete über entsprechende Kenntnisse und Fertigkeiten verfügen. Abbildung 1 zeigt die Lernfelder des Berufs Friseur.

---

7   Zum Expertenbegriff vgl. z. B. Schumacher, Czerwinski 1992; Hitzler 1994; Glaser 2009.

8   Im Jahr 2009 wurden im Ausbildungsberuf Friseur 15.463 neue Ausbildungsverträge abgeschlossen, während in dem Ausbildungsberuf Kosmetiker nur 516 Verträge abgeschlossen wurden.

Übersicht über die Lernfelder für den Ausbildungsberuf Friseur/Friseurin				
Lernfelder		**Zeitrichtwerte**		
Nr.		**1. Jahr**	**2. Jahr**	**3. Jahr**
1	In Ausbildung und Beruf orientieren	60		
2	Kunden empfangen und betreuen	40		
3	Haare und Kopfhaut pflegen	80		
4	Frisuren empfehlen	80		
5	Haare schneiden	60		
6	Frisuren erstellen		60	
7	Haare dauerhaft umformen		60	
8	Haare tönen		80	
9	Haare färben und blondieren		80	
10	Hände und Nägel pflegen und gestalten			40
11	Haut dekorativ gestalten			80
12	Betriebliche Prozesse mitgestalten			80
13	Komplexe Friseurdienstleistungen durchführen			80

Abbildung 1: Lernfelder des Berufs Friseur (KMK 2008, 8)

Hinsichtlich der für den Beruf des Friseurs erforderlichen Kenntnisse und Kompetenzen kann abgesehen von den ausgewiesenen Experten, also den Personen, die eine Ausbildung oder ein Studium in diesem Bereich absolviert haben, davon ausgegangen werden, dass beinahe jeder Mensch in Deutschland über Kenntnisse und Fertigkeiten, zumindest aber über persönliche Erfahrungen in diesem Bereich verfügt. Dabei wird bezüglich der folgenden Annahmen nochmals darauf hingewiesen, dass es sich um hypothetische Aussagen handelt.

Insbesondere in den Bereichen Haar- und Kopfhautpflege (Lernfeld 3), Haareschneiden (Lernfeld 5), Frisieren (Lernfeld 6) und Maniküre (Lernfeld 10) haben vermutlich zahlreiche Personen Erfahrungen und Kenntnisse erworben. Darüber hinaus ist davon auszugehen, dass zahlreiche Personen über Erfahrungen und/oder Kenntnisse im Bereich des Haareumformens, -tönens, -färbens und -blondierens (Lernfeld 7, 8, 9) oder in dem Bereich der dekorativen Hautgestaltung (Lernfeld 11) verfügen. Viele Personen kennen auch die Situation, als Kunde empfangen und betreut zu werden (Lernfeld 2). Lediglich das Mitgestalten betrieblicher Prozesse (Lernfeld 12), das Durchführen komplexer Friseurdienstleistungen (Lernfeld 13) und die Orientierung in Ausbildung und Beruf (Lernfeld 1) könnten in diesem Bereich Nichtausgebildeten unbekannt sein und weisen in Bezug auf das Kriterium „Anzahl der Mitglieder der Gesellschaft, die über entsprechende Kenntnisse und Fertigkeiten verfügen" einen höheren Fachlichkeitsgrad auf als die anderen Lernfelder.

Auch wenn in der obigen Erläuterung ein großer Bekanntheitsgrad der Inhalte bzw. der Lernfelder des Berufs Friseur betont wird, kann keinesfalls der Schluss gezogen werden, dass Laien über ausreichende Kenntnisse für die Ausübung des Berufs verfügen. Mithilfe des vorherigen Abschnitts soll lediglich aufgezeigt werden, dass sich mutmaßlich ein Großteil der Bevölkerung mit den oben genannten Themen bereits auseinandergesetzt hat, auch wenn es sich bei diesen Personen nicht um Experten handelt. Anders verhält sich dies wahrscheinlich hinsichtlich der Inhalte der Berufe des Berufsfelds Elektrotechnik, wie nachfolgend dargestellt wird:

Für die Betrachtung der Inhalte des Berufsfelds Elektrotechnik wird von den anerkannten Ausbildungsberufen exemplarisch der Ausbildungsberuf Elektroniker gewählt, da dieser derjenige mit der höchsten Anzahl von Auszubildenden ist[9]. Der Beruf Elektroniker ist ein nach der Handwerksordnung anerkannter Ausbildungsberuf, wobei diese bundesweit geregelte dreieinhalbjährige Ausbildung im Handwerk in den Fachrichtungen Energie- und Gebäudetechnik, Automatisierungstechnik sowie Informations- und Telekommunikationstechnik angeboten wird (vgl. BIBB 2010b). Im Rahmenlehrplan für den Ausbildungsberuf Elektroniker werden sieben Lernfelder angegeben, die für alle drei Fachrichtungen der Ausbildung zum Elektroniker relevant sind (vgl. KMK 2003, 9 f.). Darüber hinaus gelten für alle Fachrichtungen sechs spezifische Lernfelder.

Abbildung 2 zeigt die sieben Lernfelder des Ausbildungsberufs Elektroniker, die von Auszubildenden der drei Fachrichtungen absolviert werden. Abbildung 3, Abbildung 4 und Abbildung 5 zeigen die sechs spezifischen Lernfelder für die drei Fachrichtungen, in denen in diesem Beruf ausgebildet wird.

---

9   In diesem Ausbildungsberuf wurden im Jahr 2009 10.560 Ausbildungsverträge abgeschlossen.

Übersicht über die Lernfelder für den Ausbildungsberuf Elektroniker/Elektronikerin					
Lernfelder		**Zeitrichtwerte**			
Nr.		1. Jahr	2. Jahr	3. Jahr	4. Jahr
1	Elektrotechnische Systeme analysieren und Funktionen prüfen	80			
2	Elektrische Installationen planen und Ausführen	80			
3	Steuerungen analysieren und anpassen	80			
4	Informationstechnische Systeme bereitstellen	80			
5	Elektroenergieversorgung und Sicherheit von Betriebsmitteln gewährleisten		80		
6	Anlagen und Geräte analysieren und prüfen		60		
7	Steuerungen für Anlagen programmieren und realisieren		80		

Abbildung 2: Die sieben Lernfelder für alle Fachrichtungen des Berufs Elektroniker (KMK 2003, 9 f.)

Fachrichtung Energie- und Gebäudetechnik					
Lernfelder		**Zeitrichtwerte**			
Nr.		1. Jahr	2. Jahr	3. Jahr	4. Jahr
8 EG	Antriebssysteme auswählen und integrieren		60		
9 EG	Kommunikationssysteme in Wohn- und Zweckbauten planen und realisieren			100	
10 EG	Elektrische Anlagen der Haustechnik in Betrieb nehmen und in Stand halten			100	
11 EG	Energietechnische Anlagen errichten, in Betrieb nehmen und in Stand setzen			80	
12 EG	Energie- und gebäudetechnische Anlagen planen und realisieren				80
13 EG	Energie- und gebäudetechnische Anlagen in Stand halten und ändern				60

Abbildung 3: Die sechs spezifischen Lernfelder für die Fachrichtung Energie- und Gebäudetechnik (KMK 2003, 9 f.)

Fachrichtung Automatisierungstechnik					
Lernfelder		**Zeitrichtwerte**			
Nr.		1. Jahr	2. Jahr	3. Jahr	4. Jahr
8 A	Antriebssysteme auswählen und integrieren		60		
9 A	Steuerungs- und Kommunikationssysteme integrieren			80	
10 A	Automatisierungssysteme installieren und in Betrieb nehmen			100	
11 A	Automatisierungssysteme in Stand halten und Fehler beseitigen			100	
12 A	Automatisierungssysteme planen				60
13 A	Automatisierungssysteme realisieren				80

Abbildung 4:　　Die sechs spezifischen Lernfelder für die Fachrichtung Automatisierungstechnik (KMK 2003, 9 f.)

Fachrichtung Informations- und Telekommunikationstechnik					
Lernfelder		**Zeitrichtwerte**			
Nr.		1. Jahr	2. Jahr	3. Jahr	4. Jahr
8 IT	Systeme auswählen und integrieren		60		
9 IT	Kommunikationssysteme planen und realisieren			80	
10 IT	Gefahrenpotentiale ermitteln, Sicherheitssysteme realisieren			100	
11 IT	Vernetzte Systeme erweitern und administrieren			100	
12 IT	Informations- und telekommunikationstechnische Anlagen planen und realisieren				80
13 IT	Informations- und telekommunikationstechnische Anlagen in Stand halten und ändern				60

Abbildung 5:　　Die sechs spezifischen Lernfelder für die Fachrichtung Informations- und Telekommunikationstechnik (KMK 2003, 9 f.)

An dieser Stelle wird auf die Lernfelder eingegangen, die übergreifend für alle drei Fachrichtungen des Ausbildungsberufs Elektroniker relevant sind (Lernfeld 1 bis 7). Eine empirische Studie hierzu kann im Rahmen dieser Arbeit zwar nicht erfolgen. Dennoch wird hier angenommen, dass weniger Mitglieder dieser Gesellschaft über Kenntnisse und Fertigkeiten im Bereich Elektrotechnik verfügen als im Bereich Körperpflege. Vermutlich verfügt ein kleinerer Teil der Gesellschaft über

Kenntnisse und Fertigkeiten im Bereich der Lernfelder „Elektrotechnische Systeme analysieren und Funktionen prüfen" (Lernfeld 1), „Elektrische Installationen planen und ausführen" (Lernfeld 2), „Steuerungen analysieren und anpassen" (Lernfeld 3), „Informationstechnische Systeme bereitstellen" (Lernfeld 4), „Elektroenergieversorgung und Sicherheit von Betriebsmitteln gewährleisten" (Lernfeld 5), „Anlagen und Geräte analysieren und prüfen" (Lernfeld 6) und „Steuerungen für Anlagen programmieren und realisieren" (Lernfeld 7) als über Kenntnisse und Fertigkeiten in den oben erläuterten Lernfeldern des Ausbildungsberufs Friseur. Im Vergleich zu den Inhalten des Ausbildungsberufs Friseur sind vermutlich außerdem die Inhalte der jeweils sechs Lernfelder, die für die Fachrichtungen Energie- und Gebäudetechnik, Automatisierungstechnik sowie Informations- und Telekommunikationstechnik relevant sind, weniger Personen bekannt (siehe Abbildung 3, Abbildung 4 und Abbildung 5).

Diese Analyse des Bekanntheitsgrades der Inhalte der beiden Berufsfelder Körperpflege und Elektrotechnik am Beispiel jeweils eines anerkannten Ausbildungsberufs ist empirisch nicht abgesichert, sondern kann im Rahmen dieser Arbeit nur angenommen werden. Um die Anzahl der Personen, die über Kenntnisse und Fertigkeiten verfügen, zuverlässiger vergleichen zu können, wäre es neben der Auswertung der Anzahl der Erwerbstätigen und Auszubildenden aufschlussreich, quantitative Befragungen zum Bekanntheitsgrad der jeweiligen Themen bei Nichtexperten durchzuführen.

Trotz dieser fehlenden empirischen Absicherung der hier getroffenen Annahmen kann die Betrachtung der Ausbildungsinhalte Hinweise darauf geben, dass die Inhalte und Themen des Berufsfelds Elektrotechnik weniger Mitgliedern dieser Gesellschaft bekannt sind als die des Berufsfelds Körperpflege. Hierauf weist neben den oben diskutierten Ausbildungsinhalten auch die Tatsache hin, dass Themen aus dem Bereich Körperpflege bzw. Friseur- oder Kosmetikthemen häufig in den Medien, v. a. in Zeitschriften und hierbei v. a. in Frauenzeitschriften dargestellt werden, während elektrotechnische Themen eher in Fachzeitschriften aufgegriffen werden, die sich an eine zahlenmäßig kleinere Leserschaft richten.

4.2 Spezialisierungsgrad

Als weitere Variablen für den Vergleich der Fachlichkeit werden die Dauer und die Spezialisierung der „zum Erwerb der Kenntnisse notwendigen Ausbildung" (Adamzik 1998, 184) untersucht. Während die Ausbildungsdauer leicht zu ermitteln ist, müssen für das Kriterium Spezialisierung zunächst Indikatoren bestimmt werden. Im Rahmen dieser Arbeit werden als Indikatoren für die Spezialisierung eines Fachs oder Berufsfelds sein Entwicklungstempo sowie die Ausdifferenzierung in anerkannte Ausbildungsberufe und Studiengänge herangezogen. Zudem wird untersucht, über welche Zugangsvoraussetzungen Auszubildende in den jeweils anerkannten Ausbildungsberufen verfügen.

4.2.1 Ausbildungsdauer und Zugangsvoraussetzungen

An dieser Stelle wird die Ausbildungsdauer als Indikator für den Grad der Spezialisierung betrachtet, wobei die Annahme besteht, dass der Grad der Spezialisierung umso höher ist, je länger eine Ausbildung dauert. Da die Ausbildungsdauer nicht nur vom Grad der Spezialisierung abhängt, sondern auch von Traditionen und Aushandlungsprozessen der zuständigen Akteure, werden darüber hinaus auch die Zugangsvoraussetzungen zu den jeweiligen Ausbildungen betrachtet. Die Zugangsvoraussetzungen werden anhand der Schulabschlüsse ausgewertet, über die Auszubildende in den jeweils anerkannten Ausbildungsberufen verfügen.

Wie Abbildung 6 zeigt, dauert eine Ausbildung in den anerkannten Ausbildungsberufen des Berufsfelds Elektrotechnik mit Ausnahme der Ausbildungsberufe IT-Systemelektroniker, Elektroanlagenmonteur und Industrieelektriker dreieinhalb Jahre, während die Ausbildung zum Friseur oder Kosmetiker drei Jahre beträgt. Die längere Ausbildungsdauer ist ein Hinweis darauf, dass die Berufe des Berufsfelds Elektrotechnik einen höheren Spezialisierungsgrad aufweisen als die des Berufsfelds Körperpflege.

Die Grafik zeigt zudem, dass sich die Berufsfelder hinsichtlich der Schulabschlüsse unterscheiden, über die die Auszubildenden verfügen: Im Berufsfeld Körperpflege verfügen fünf % der Auszubildenden zum Friseur über keinen Schulabschluss. 61 % der Auszubildenden zum Friseur und 40 % der Auszubildenden zum Kosmetiker verfügen über den Hauptschulabschuss. Über einen mittleren Bildungsabschluss verfügen 31 bzw. 40 % und die wenigsten haben die Hochschulreife (3 bzw. 9 %).

Während somit die meisten Friseurauszubildenden, die quantitativ den größten Anteil der Auszubildenden im Berufsfeld Körperpflege ausmachen, über einen Hauptschulabschuss verfügen, hat der Großteil der Auszubildenden im Berufsfeld Elektrotechnik einen mittleren Bildungsabschluss oder die Hochschulreife erworben: In den Elektroberufen verfügen mit 4 % (Elektroanlagenmonteur) bis 38 % (Elektroniker für luftfahrttechnische Systeme) weit mehr Auszubildende über die Hochschulreife als im Berufsfeld Körperpflege. Auszubildende ohne Schulabschluss gibt es hingegen nur sehr wenige (1 bis 4 %), und dies auch nur in sieben der insgesamt 14 anerkannten Ausbildungsberufe.

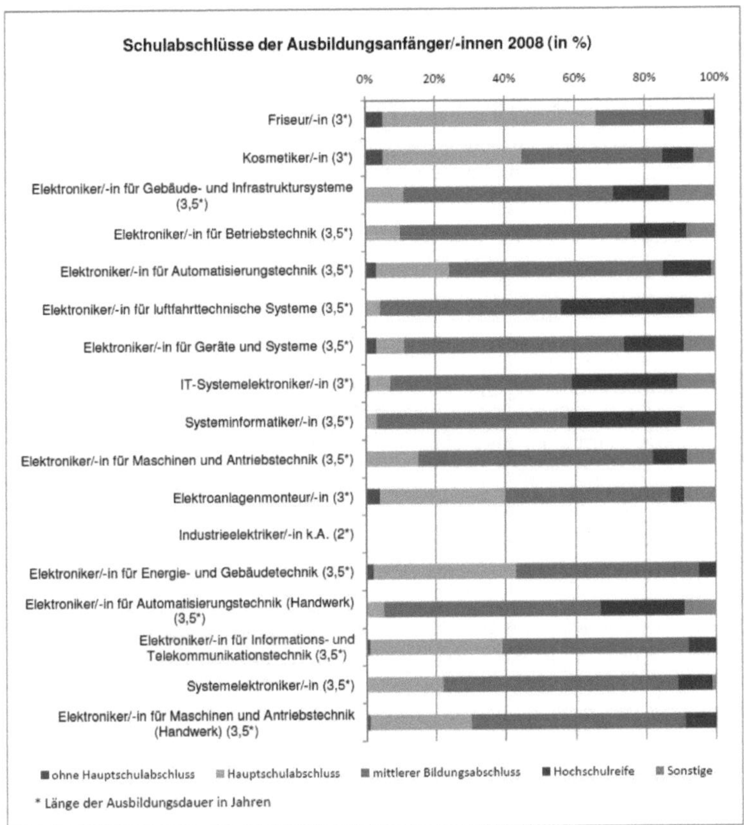

Abbildung 6:   Ausbildungsdauer der anerkannten Ausbildungsberufe in den Berufsfeldern Körperpflege und Elektrotechnik und Schulabschlüsse der Ausbildungsanfänger (vgl. Bundesagentur für Arbeit 2010)

Eine mögliche Interpretation dieser Ergebnisse ist, dass Schüler mit höherwertigen Abschlüssen sich eher für die Elektroberufe interessieren als für die Berufe Friseur oder Kosmetiker. Eine andere Deutungsmöglichkeit ist, dass eine Ausbildung in den Elektroberufen höhere Schulabschlüsse erfordert, da hier hinsichtlich der Kompetenzen, die die Auszubildenden mitbringen müssen, stärker selektiert wird. Die Ursache hierfür könnte sein, dass in einer Ausbildung im Berufsfeld Elektrotechnik mehr bzw. spezialisierteres Wissen vermittelt wird und das Fachlichkeitsniveau höher ist.

4.2.2 Entwicklungstempo und Ausdifferenzierung der Berufsfelder

Professionelle Friseurhandwerker gab es bereits 3.000 Jahre vor Christus in Ägypten (vgl. Business-on.de 2010). Im 14. Jahrhundert bildeten Friseure bzw. Barbiere und Bader eine eigene Zunft. Die Tätigkeit wurde somit zum anerkannten Handwerk (vgl. ebd.). Der eigentliche Berufsstand des Friseurs bildete sich im Laufe des 19. Jahrhunderts heraus: Im Jahre 1845 wurde in Deutschland der Nachweis über die Einstellung von Lehrlingen eingeführt. Wie bereits erwähnt, zählen zum Berufsfeld Körperpflege heute die beiden anerkannten Ausbildungsberufe Friseur und Kosmetiker.

Im Gegensatz dazu ist die Elektrotechnik eine junge Disziplin, die sich in Abhängigkeit der Industrialisierung erst im 19. Jahrhundert herausgebildet hat:

> „Die Elektrotechnik ist also eine neue Technologie. Sie ist eingebettet und aufs engste verknüpft mit dem Prozeß der Herausbildung der Ingenieurwissenschaften. Die elektrische Energie, der ‚Rohstoff‘ der Elektrotechnik ist ein künstliches ‚Produkt‘, eingebettet in den technisch-wissenschaftlichen Prozeß des vorigen Jahrhunderts." (Howe 1995, 5)

Die ersten Ausgebildeten im Berufsfeld Elektrotechnik gibt es seit 1926, und zwar in den beiden Berufen „Elektroinstallateur" und „Universalwickler":

> „Zusammen mit dem Universalwickler war der Elektroinstallateur der erste Elektro-Beruf, für den vom DATSch [Deutscher Ausschuss für das technische Schulwesen] ein Berufsbild geschaffen wurde. Er gehörte zu den 48 Facharbeiter-Grundberufen, für die bereits 1926 eine ordnungsgemäße Lehre vorgesehen wurde. Er war zunächst also quasi der ‚Universalelektriker der Industrie‘." (ebd., 49)

Die Elektrotechnik entwickelt und verändert sich mit hohem Tempo und ist eine „schnell wachsende Branche [...], in der sich regelmäßig nicht nur die Technik verändert und verbessert, sondern auch neue Felder hinzukommen" (Bildungsweb Media GmbH 2009). Entsprechend ist die Ausdifferenzierung des Berufsfelds Elektrotechnik in 14 anerkannte Ausbildungsberufe im nicht akademischen Bereich größer als diejenige des Berufsfelds Körperpflege.

Ein ähnliches Bild liefert die Betrachtung der Studiengänge. Als akademischer Studiengang wird die Elektrotechnik – obwohl sie jünger ist als die Körperpflege – an bedeutend mehr Universitäten angeboten als Körperpflege: Im Wintersemester 2008/2009 wurde Elektrotechnik an 24 Hochschulen angeboten, während akademische Studiengänge im Bereich „Gesundheit und Körperpflege" an nur acht Hochschulen angeboten wurden (vgl. Schröder, Stadelmann 2009, 216).

Obwohl das Fach Elektrotechnik bedeutend jünger als das Fach Körperpflege ist, hat es sich wesentlich schneller entwickelt und ausdifferenziert. Dies wird u. a. durch die hohe Ausdifferenzierung der anerkannten Ausbildungsberufe deutlich.

4.3 Fazit

Die Ausführungen zeigen, dass das Berufsfeld Elektrotechnik einen höheren Fachlichkeitsgrad aufweist als das Berufsfeld Körperpflege. Obwohl es mehr Auszubildende, Studierende und Erwerbstätige im Bereich Elektrotechnik gibt und damit mehr Mitglieder dieser Gesellschaft über berufsrelevante Kenntnisse und Fertigkeiten in diesem Fach verfügen als im Berufsfeld Körperpflege, ist die Ausbildungsdauer für die Elektroberufe höher als für die beiden anerkannten Ausbildungsberufe im Berufsfeld Körperpflege. Darüber hinaus sind auch die Schulabschlüsse der Auszubildenden im Berufsfeld Elektrotechnik höher, und die Elektrotechnik hat sich mit höherem Tempo entwickelt als die Körperpflege. Es wird außerdem angenommen, dass die Inhalte des Berufsfelds Elektrotechnik bei Nichtexperten weniger bekannt sind als die des Berufsfelds Körperpflege.

Bevor auf die zentrale Annahme dieser Arbeit eingegangen wird, dass sich die beiden Berufsfelder nicht nur hinsichtlich ihrer Fachlichkeit voneinander unterscheiden, sondern auch mit Blick auf ihre Fachsprachlichkeit, wird im nachfolgenden Kapitel 5 auf die Funktionen und Besonderheiten von Fachsprache eingegangen.

5 Fachsprachen

Hoffmann definiert Fachsprachen als „die Gesamtheit aller sprachlichen Mittel, die in einem fachlich begrenzbaren Kommunikationsbereich verwendet werden, um die Verständigung der dort tätigen Fachleute" (Hoffmann 1976, 170) bzw. „zwischen den in diesem Bereich tätigen Menschen" (Hoffmann 1987, 53) zu gewährleisten.

Die Gebundenheit von Fachsprachen an Fachleute wird von Fluck wie folgt betont:

> „Fachsprache ist [...] primär an den Fachmann gebunden, denn vom Nichtfachmann gebraucht, gehen die Bindungen an das fachliche Denken, Handeln und die Beziehung zur fachlichen Systematik der einzelnen Fächer verloren, das heißt, Begriffe und Aussagen verlieren an Genauigkeit und Bedeutungstiefe." (Fluck 1997, 16)

Da sich Fachsprache also von der Sprachverwendung im nicht fachlichen Gebrauch unterscheidet, wurde sie lange in einen Gegensatz zum Begriff der so genannten Gemein- oder Standardsprache gestellt. Dabei wurde die Gemeinsprache als zentrale Bezugsgröße für die Charakterisierung, Beschreibung und Definition von Fachsprache betrachtet (vgl. Drozd, Drozd-Seibicke 1973, 36). Jedoch gilt eine solche Dichotomie zwischen Fach- und Gemeinsprache als problematisch, da der Begriff Gemeinsprache weder klar abgegrenzt noch definiert ist (vgl. Becker, Hundt 1998, 121). So bezeichnet Hoffmann die Frage nach dem Verhältnis der Fachsprachen zur (All-) Gemeinsprache zwar als die „Frage der Fragen in der Fachsprachenforschung" (Hoffmann 1987, 48), benennt jedoch auch die Ungenauigkeit des Begriffs Gemeinsprache:

> „[...] im Laufe der Zeit wurde der Begriff der Gemeinsprache immer mehr erschüttert, weil sich ihre Grenzen nicht genau bestimmen ließen und damit natürlich auch nicht die Grenzen der Fachsprachen [...]." (Hoffmann 1987, 51)

Da eine solche Problematik der Abgrenzung von Fachsprachen von der so genannten Allgemein- oder Alltagssprache nicht besteht, wenn Fachsprache als Register aufgefasst wird, wird sie im Rahmen der hier vorgelegten Arbeit als solches betrachtet.

5.1   Fachsprachen als Register

Im Rahmen der Registertheorie wird davon ausgegangen, dass die Verwendung von Sprache in Abhängigkeit von situativen Merkmalen variiert. Halliday et al. definieren Register bereits 1964 entsprechend als „language according to use":

> "It is possible also to recognize varieties of a language along another dimension, distinguished according to use. Language varies as its function varies; it differs in different situations. The name given to a variety of a language distinguished according to use is 'register'." (Halliday et al. 1964, 87)

Als wichtigste Parameter, die ein Register determinieren und sich damit u. a. auf Lexik und Grammatik auswirken, nennen Halliday et al. das „Field of Discourse", den „Mode of Discourse" und den „Style of Discourse" (Halliday et al. 1964, 90 ff.). Der Parameter „Field of Discourse" meint den Redegegenstand bzw. die Thematik oder den Sachverhalt eines Gesprächs oder eines Textes. Der Parameter „Mode of Discourse" erfasst diejenigen sprachlichen Besonderheiten, die sich aus dem Unterschied zwischen gesprochener und geschriebener Sprache ergeben. Und der „Style of Discourse" erfasst diejenigen sprachlichen Merkmale, die sich in einer konkreten Kommunikationssituation aus den Beziehungen zwischen Sprecher/Schreiber und Hörer/Leser ergeben (vgl. ebd.).

Conrad und Biber nehmen Ähnliches an: Sie geben als Determinanten für Registerunterschiede u. a. die Sprecherabsicht, die Beziehung zwischen Sprecher und Hörer, die Umstände der Sprachproduktion und das Thema der Kommunikation an. Dabei gehen sie davon aus, dass zwischen Registern linguistische Unterschiede bestehen:

> "However [...] there are usually important linguistic differences across registers that correspond to the differences in situational characteristics." (Conrad, Biber 2001, 3)

Für die Fachsprachenforschung bedeutet die Annahme der Registertheorie, dass fachliche Kommunikation und damit auch Fachtexte in Abhängigkeit vom Thema und entsprechend dem Fach, der Modalität und der Kommunikationssituation variieren. Dabei können Register in Bezug auf verschiedene Spezialisierungsgrade beschrieben werden:

> "However, registers can be defined at any level of generality, and more specialized registers may not have widely used names. For example, ‚academic prose' is a very general register, while 'methodology sections in experimental

psychology articles' is a much more highly specified register." (Biber 2008, 823)

Diese Auffassung zeigt sich auch in der Annahme, dass Fachsprache nicht nur von Fach zu Fach, d. h. auf der horizontalen Ebene, sondern in Abhängigkeit von der Kommunikationssituation auch intrafachlich auf der vertikalen Ebene variiert.

5.2 Die horizontale und vertikale Schichtung von Fachsprachen

Obwohl bisher nur wenige Definitionen des Begriffs Fach vorliegen (siehe Kapitel 3), ist nach Adamzik das Fach, über das kommuniziert wird, der wahrscheinlichste Parameter für die Variation von Fachsprache:

> „[…] da das, was eine Fachsprache am eindeutigsten charakterisiert (und was bei aller Variation innerhalb einer Fachsprache gleichbleibt), weder die Situation noch die Funktion noch die Gruppe ist, sondern das Fach, der Gegenstand, das Thema, über das kommuniziert wird, so müßte man als Variationsdimension Fachlichkeit/Thematik/Inhalt ansetzen." (Adamzik 1998, 184)

Diese Aussage, dass Fachsprachen in Abhängigkeit des Fachs variieren, spiegelt sich in der Fachsprachenforschung in der Auffassung von einer horizontalen Gliederung der Fachsprachen wider. Zudem geht die Fachsprachenforschung davon aus, dass Fachsprachen in Abhängigkeit der Kommunikationssituation auch auf der horizontalen Ebene variieren (vgl. z B. Roelcke 2005; Bauk 2009).

5.2.1 Die horizontale Schichtung von Fachsprachen

Da Fachsprache in Abhängigkeit des Fachs variiert, gibt es nicht eine Fachsprache, sondern es existieren mehrere Fachsprachen nebeneinander. Die Zahl der vorhandenen Fächer und damit der anzusetzenden Fachsprachen ist allerdings ungeklärt (vgl. Fluck 1997, 22). Bisher wurde lediglich eine Grobeinteilung der Fachsprachen vorgenommen. So nimmt Möhn eine Gliederung in fachinterne, interfachliche und fachexterne Fachsprachen vor (vgl. Möhn 1977, 314), und Schmidt geht von einer horizontalen Gliederung von Fachsprache in Wissenschaft, Technik, Wirtschaft, Verkehr, Politik, Kultur etc. aus (vgl. Schmidt 1969, 18). Während Möhn und Schmidt die Zahl von Fachsprachen beschränken, geht Hoffmann von einer zahlenmäßig offenen Reihe aus. Abbildung 7 verdeutlicht, dass die Anzahl der Fachsprachen, die hier noch als Subsprachen der so genannten Gemein- bzw. Gesamtsprache verstanden werden, zumindest theoretisch unbegrenzt ist.

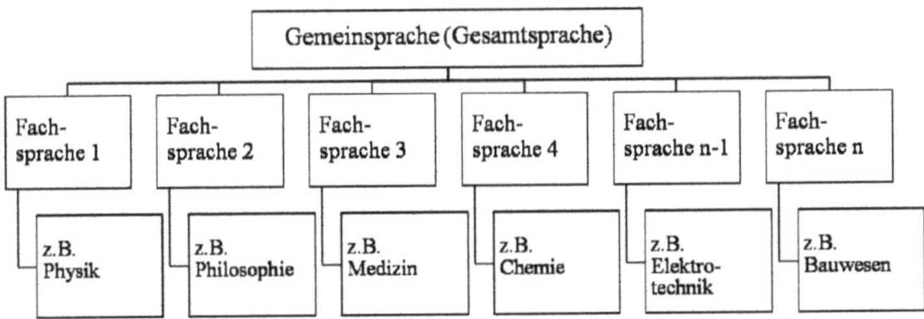

Abbildung 7:   Die horizontale Gliederung von Fachsprache (Hoffmann 1987, 51)

Entsprechend dieser horizontalen Differenziertheit von Fachsprachen gilt, dass Aussagen über „die Fachsprache" nicht angemessen sind, sondern dass vielmehr jede Fachsprache einzeln betrachtet werden muss. Dabei unterscheiden sich nicht nur verschiedene Fachsprachen voneinander, sondern jede Fachsprache kann auch auf der vertikalen Ebene differieren.

5.2.2   Die vertikale Schichtung von Fachsprachen

Neben der horizontalen Gliederung fachsprachlicher Kommunikation, die auf die einzelnen Fächer bzw. Fachbereiche ausgerichtet ist, existiert eine vertikale Gliederung, die sich auf den Abstraktionsgrad und damit auf den Fachwortschatz bzw. auf den sprachlichen Stil auswirkt (vgl. z. B. Schnitzer 2009).

Ischreyt geht Mitte der 1960er Jahre von einer vertikalen Einordnung der Fachsprachen nach Abstraktionsstufen aus und teilt die technischen Sprachen in Wissenschafts-, Verkäufer- und Werkstattsprache ein, wobei die Wissenschaftssprache die obere Abstraktionsebene darstellt (vgl. Ischreyt 1965, 39 ff.). Hoffmann fügt 1987 als Gliederungskriterien die „äußere Sprachform", das „Milieu" und die „Teilnehmer an der Kommunikation" hinzu (Hoffmann 1987, 65), wobei diese Kriterien dem Parameter „Style of Discourse" ähneln, den Halliday et al. als registerdeterminierend betrachten (s. o.). Hoffmann kommt so zu einer Einordnung der Fachsprachen in fünf Gruppen: Diese sind die Stufen „theoretische Grundlagenwissenschaften", „experimentelle Wissenschaften", „angewandte Wissenschaften und Technik", „materielle Produktion" sowie „Konsumtion". Die Sprachen der theoretischen Grundlagenwissenschaften stellen dabei die höchste Stufe dar, die Sprachen der Konsumtion die niedrigste (vgl. Hoffmann 1987, 65 f.).

Die Konzeption dieser fünf Gruppen wird in dieser Arbeit infrage gestellt, auch weil eine Gliederung dieser Art auf der vertikalen Ebene bisher empirisch nicht belegt ist. Als Grundlage dieser Arbeit wird vielmehr angenommen, dass mögliche

Abstraktionsgrade von Fachsprachen bzw. Fachtexten bisher nicht definiert sind und dass eine Einordnung von Fachsprachen in eine vertikale Skala oder ein Raster bisher nicht möglich ist. Somit ist die Zuordnung eines Fachtextes zu einer bestimmten Abstraktionsstufe nicht möglich, aber ein Vergleich verschiedener Fachtexte hinsichtlich ihrer Abstraktionsgrade. Mit diesem Vorgehen wird der Annahme Göpferichs gefolgt, die keine Einordnung der Fachsprachen nach Abstraktionsstufen annimmt, sondern vielmehr von einem „Spektrum von Texten unterschiedlichen Fachlichkeitsgrades" ausgeht (Göpferich 1995, 58).

5.3   Funktionen von Fachsprachen

Fluck geht davon aus, dass Fachsprache ein spezifisches Kommunikationsmittel ist, das eine möglichst genaue, ökonomische und eindeutige Verständigung zwischen Fachleuten auf einem bestimmten Fachgebiet ermöglichen soll (vgl. Fluck 1997, 18). Da die Kommunikation im Fach auf das Handeln im Fach gerichtet ist, ist das Ziel von Fachkommunikation „primär utilitaristisch (und nicht z. B. ästhetisch) definiert" (Kalverkämper 1998, 60). Fachkommunikation ist auf das „Nutzen und Mehren […] von Wissen, von fachbezogenen Kenntnissen, […] von Forschungs- und fachlicher Entwicklungs- sowie Produktionsleistung, […] von Effektivität" gerichtet (ebd., 60).

Aufgrund dieser Aufgaben fachlicher Kommunikation wird postuliert, dass sich Fachsprachen durch besondere Funktionen auszeichnen, wie z. B. Explizitheit, Exaktheit, Objektivität, Präzision, Differenziertheit, Sprachökonomie, Vollständigkeit, Anonymität und Sachlichkeit (vgl. z. B. Baumann 1998a, 374; von Hahn 1998, 383).

5.3.1   Explizitheit, Präzision und Exaktheit

Die Eigenschaften, die Fachsprachen am häufigsten zugeschrieben werden, sind ihr möglichst adäquater Bezug zu den fachlichen Gegenständen und Sachverhalten sowie Abläufen und Verfahren und ihre Deutlichkeit (vgl. Roelcke 2005, 28 f.). Der Aspekt der Explizitheit bezieht sich dabei v. a. auf Texte: Explizite Texte projizieren den Kontext (möglichst) vollständig in den Text, und der Effekt expliziter Texte ist ihre isolierte Verständlichkeit auch außerhalb des Kontextes ihrer Produktion (vgl. von Hahn 1998, 383).

Zu sprachlicher Explizitheit auf der lexikalischen Ebene trägt v.a. die Benutzung fachlicher Terminologie bei. Auf der syntaktischen Ebene dient z. B. die Vermeidung von Ellipsen und auf semantischer Ebene z. B. die explizite Nennung von

Referenten anstelle von Pronominalisierungen der Explizitheit. Schriftliche Texte werden durch die äußere Darstellung entsprechend der inhaltlichen und logischen Gliederung expliziert:

„Kapitelgliederungen, Absätze, satztechnische Auszeichnungen und sog. Einbettungs- und Deklarationstechniken können als Explizierung von natürlichen Kontexten aufgefasst werden." (von Hahn 1998, 384 ff.)

Fachsprachen sind darüber hinaus durch Exaktheit und Präzision gekennzeichnet. Arntz und Picht betrachten die Präzision als die wichtigste Eigenschaft von Fachsprache:

„Die wichtigste Rechtfertigung für die Existenz der Fachsprachen und ihre Weiterentwicklung liegt darin, daß Techniker und Wissenschaftler sich auch im sprachlichen Bereich um Präzision bemühen müssen. Neue gedankliche Inhalte und neue Gegenstände verlangen nach Benennungen, die noch nicht „vergeben" sind, d.h. Benennungen, die nicht mit anderen verwechselt werden können. Der Gefahr der Verwechslung könnte die Gemeinsprache, wenn überhaupt, nur durch übermäßig lange Umschreibungen entgehen." (Arntz, Picht 1989, 23 f.)

Das Merkmal der Exaktheit bzw. Präzision wird durch eine eindeutige und unmissverständliche Bindung des sprachlichen und nicht sprachlichen Ausdrucks an den jeweiligen fachwissenschaftlichen Sachverhalt, Gegenstand oder Prozess erreicht (vgl. Baumann 1998a, 373). Dabei wird Exaktheit in der Fachkommunikation sprachlich v. a. durch drei Merkmale realisiert:

„(1) die Gebundenheit an die Ausdrücke einer (Fach-) Sprache, (2) die Determination der lexikalischen Bedeutungen, die mit den (fachsprachlichen) Ausdrücken konventionell verbunden sind und (3) die Verwendung sprachlicher Ausdrücke in bestimmten (fachlichen) Kommunikationssituationen." (Baumann 1998a, 373)

Während sich diese Aussage Baumanns auf die Fachterminologie bezieht, gibt Hoffmann als sprachliches Mittel zur Präzisierung auf der syntaktischen Ebene v. a. die Verwendung so genannter sekundärer Satzglieder an. Hoffmann geht davon aus, dass sekundäre Satzglieder mehr über die Satzkomplexität aussagen können als Nebensätze, denn „sie dienen der für fachliche Zielsetzungen so wesentlichen näheren Determination von Gegenständen, Begriffen, Handlungen und Vorgängen bzw. der Präzisierung von fachlichen Aussagen [...]" (Hoffmann 1998, 418). Zu diesen sekundären Satzgliedern zählt er Attribute wie z. B. voran- bzw.

nachgestellte Adjektive und Partizipien, nachgestellte Substantive im Genitiv, nachgestellte Substantive in einem anderen, durch Präpositionen regierten Kasus oder Relativsätze.

5.3.2 Sprachliche Ökonomie

Eine weitere Eigenschaft von Fachtexten ist ihre sprachliche Ökonomie. Die Ökonomie im fachlichen Sprachgebrauch ergibt sich aus der Notwendigkeit, die fachbezogenen oder spezifischen Sachverhalte insbesondere für die Verständigung unter Fachleuten in „ökonomisch vertretbarer Form" darzustellen (Fijas 1998, 390). Hoffmann nimmt an, dass Textkompression in Fachtexten neben der „Optimierung von Informationsprozessen" auch mit „verlegerischer Ökonomie" zusammenhängt (Hoffmann 1998, 417).

Ökonomische sprachliche Mittel auf der lexikalischen Ebene sind Termini, die „die sprachlich dichtesten und ökonomischsten Formen der kognitiven Bewältigung von Inhalten eines bestimmten Fachgebietes" darstellen (Steiger 1993, 90 zitiert nach Fijas 1998, 391).

Des Weiteren gilt als Mittel der sprachökonomischen Darstellungsweise die „Univerbierung als Resultat der Entwicklung einer Wortgruppe zu einem Wort" (Fijas 1998, 392). Unter Univerbierung versteht Fijas dabei z. B. die Komposition (siehe Beispiel 1) oder die Bildung von Partizipialkonstruktionen (siehe Beispiel 2), da diese syntaktische Konstruktionen komprimieren bzw. Nebensätze einsparen (vgl. z. B. Fijas 1998, 392; Ohm et al. 2007, 168):

(1) Abisolierzange → Zange, die zum Abisolieren von Leitungen und Adern benutzt wird. (E[10])

(2) Ein **abgeteiltes** Passée wird zwischen Zeige- und Mittelfinger festgehalten. → Ein Passee, das abgeteilt wurde, wird zwischen Zeige- und Mittelfinger festgehalten. (*K*)

Zudem zählen zu den komprimierenden Strukturen präpositionale Wortgruppen (siehe Beispiel 3) und nominalisierte Infinitive bzw. Verbalsubstantive (siehe Beispiel 4; vgl. z. B. Fijas 1998, 392; Fluck 1997, 83).

---

10 Alle Beispiele sind, wenn nicht anders angegeben, entweder dem Korpus Körperpflege (K) oder dem Korpus Elektrotechnik (E) entnommen. Diese beiden Korpora stellen die Grundlage der vorliegenden Arbeit dar (Abschnitt 8.2).

(3) **Beim Durchschmelzen der Sicherung** wird gleichzeitig der Haltedraht des Melders unterbrochen. → Während die Sicherung durchschmilzt, wird gleichzeitig der Haltedraht des Melders unterbrochen. (E)

(4) Diese Methode erfordert allerdings **sehr exaktes Arbeiten**, da die Lage der Dosen und Rohrverbindungen [...] . → Diese Methode erfordert allerdings, dass sehr exakt gearbeitet wird, da die Lage der Dosen und Rohrverbindungen [...].(*E*)

Mithilfe der nominalisierten Infinitive werden mitunter die Inhalte ganzer Sätze oder Wortgruppen in einem Wort komprimiert. Ihnen können mehrere Attribute untergeordnet werden, die in anderer Darstellung als Satzglieder oder Teilsätze wiedergegeben werden müssten (vgl. Fijas 1998, 392).

5.3.3   Anonymität

Ein anonymer Sprachgebrauch gilt als bevorzugte Ausdrucksweise der fachlichen Kommunikation, denn der Fokus liegt hier auf der Benennung von Objekten, auf wissenschaftlichen bzw. technischen Sachverhalten oder Handlungen (vgl. Oksaar 1998, 397). Damit hat Anonymität die Funktion, „[...] die an einen Autor gebundene Subjektivität zu eliminieren und den Wahrheitsgrad sowie die Objektivität und mögliche Allgemeingültigkeit der fachbezogenen Aussage zu verstärken" (ebd., 397).

Anonymität hängt in der Regel mit sprachlicher Abstraktion zusammen und wird durch sprachliche Mittel auf der lexikalischen, morphosyntaktischen und textuellen Ebene ausgedrückt (vgl. ebd., 397 ff.):

„Auf der lexikalischen Ebene gehört zu den Mitteln der Anonymisierung die Substitution des Aktor/Autoren-Ich durch Ausdrücke der dritten Person, der ersten Person Plural, der unpersönlichen Pronomina sowie durch Verzicht auf Angabe des Handlungsträgers [...]" (ebd., 398)

Zu den syntaktischen Mitteln des anonymen abstrakten Sprachstils bzw. der Entindividualisierung zählen das Passiv, Passivumschreibungen, Adjektivbildungen mit *-bar*, *-sam* und *-lich* sowie Nominalisierungen und Sätze ohne Verb (vgl. Oksaar 1998, 400 f.).

6 Sprachliche Charakteristika des Registers Fachsprache

Aus den Funktionen, die Fachsprachen bzw. Fachtexte erfüllen (siehe Abschnitt 5.3), ergibt sich eine Besonderheit in der „Auswahl und Zusammenstellung der sprachlichen Mittel" (Hoffmann 1987, 50). Fachsprachen stellen keine eigenen oder in sich geschlossenen Sprachsysteme dar, sondern sind durch das besonders häufige bzw. seltene Vorkommen bestimmter sprachlicher Mittel charakterisiert. Fachtexte sind u. a. durch den häufigen Gebrauch bestimmter Wortbildungsverfahren, durch das frequente Auftreten bestimmter syntaktischer Strukturen und durch besondere Merkmale auf der Textebene gekennzeichnet, die in den Abschnitten 6.1, 6.2 und 6.3 erläutert werden.

Hierzu muss angemerkt werden, dass für das Deutsche bisher nur wenige umfassendere Studien zu fachsprachentypischen Eigenschaften existieren. Bisher beziehen sich Aussagen zu fachsprachentypischen Phänomenen fast ausschließlich auf spezielle Fragestellungen. So liegen z. B. Untersuchungen vor zu histographischen Entwicklungen von Fachwortschätzen (vgl. z. B. Schwenk 1967; Spiegel 1972; Krüger 1979), zu syntaktischen Besonderheiten im Fachsprachengebrauch (vgl. z. B. Gerbert 1970; Mináriková 2006), zum Fachwortschatz einzelner Arbeitsbereiche bzw. ausgewählter Fachsprachen (vgl. z. B. Humpl 1990; Zhou 1995; Dingeldein 1998; Le-Hong 1998; Möhn 1998; Piirainen 1998; Lusch 2007), zur Beschreibung textueller Phänomene bestimmter Fachtextsorten (vgl. z. B. Kretzenbacher 1990; Schäfer 2010) und zur kontrastiven Fachsprachenanalyse (vgl. z. B. Oldenburg 1992; Strebl 2004; Wenghoffer 1998).

Des Weiteren sind korpuslinguistische bzw. sprachstatistische Analysen deutscher Fachtexte bisher fast ausschließlich für den akademischen Bereich publiziert. So wurde beispielsweise der Sprachgebrauch in Texten zur inneren Medizin untersucht (vgl. Kühtz 2007), es liegen Arbeiten zur Sprache des Rechts vor (vgl. z. B. Voltmer 2006) und es wurde eine Studie zu Kurzwörtern in Fachsprachen publiziert (vgl. Steinhauer 2000). Abgesehen von einzelnen Studien zu ausgewählten Aspekten wie dem Fachwortschatz (vgl. Merzyn 1999) stehen vergleichbare korpuslinguistische Studien zu dem Vorkommen fachsprachlicher Strukturen in Fachtexten des Bereichs der nicht akademischen beruflichen Bildung bisher aus.

6.1 Fachsprachentypische Wortbildungen

Gerade für Fachsprachen besteht mit der Entwicklung eines Fachs bzw. mit der Ausweitung von Fachwissen ein ständiger Bedarf nach Erweiterung bzw. Konkretisierung des Fachwortschatzes (vgl. Fraas 1998, 435). Wie allen anderen Registern dienen auch den Fachsprachen hierfür die Wortbildungsmittel, die das normative Regelwerk bereithält. Besonders häufig bedienen sich Fachsprachen der Komposition, der Derivation, der Konversion, der Entlehnung bzw. Lehnübersetzung, der Kürzung und der Terminologisierung (vgl. Fluck 1997, 35 ff.; Buhlmann, Fearns 2000, 24 ff.; Roelcke 2005, 50 ff.).

Im Rahmen dieser Arbeit werden diejenigen Wortbildungen untersucht und annotiert, die in fachsprachenlinguistischen Veröffentlichungen als typisch für (akademische) Fachtexte angenommen werden (vgl. z. B. Fluck 1997; Fraas 1998; Buhlmann, Fearns 2000; Roelcke 2005).

Tabelle 2:Übersicht fachsprachentypischer Wortbildungen (vgl. z. B. Fluck 1997; Fraas 1998; Buhlmann, Fearns 2000; Roelcke 2005)

Wortbildung	**Beispiel**
1. Komposita	*Schutzleiter, Unterhautfettgewebe* etc.
2. Koordinationsellipsen	*Schutz-* (und Neutralleiter) etc.
3. Nomenderivate (Ableitung von Nomen durch Suffixe)	*Regler, Leitung, Sicherheit, Empfindlichkeit, Leuchte, Induktion, Anomalie* etc.
4. Adjektivderivate (Ableitung von Adjektiven durch Suffixe)	*möglich, schadhaft, wirksam, saugfähig, lötbar, nahtlos, abspleißfrei, regelmäßig, sauerstoffarm, zahlreich, stoßfest, wellenförmig, wasserdicht, eisenhaltig* etc.
5. Präfixverben	*enthalten, verzahnen* etc.
6. Partikelverben	*einspeisen, anschließen, vorschalten* etc.
7. Nominalisierte Infinitive	das *Schneiden,* das *Verdrallen* etc.
8. Entlehnungen	*Element, Konstante, Linie* etc.
9. Wortkürzungen	*PVC, PE* etc.
10. Neubildungen mit Wortkürzungen	*GS-Zeichen, NYM-Leitung* etc.
11. Terminologisierung durch	
• Metaphorik	*Anker* (→ Teil des Elektromotors)
• Metonymie	*voltaisch*
• definitorische Festlegung	*Spannung*

Tabelle 2 zeigt die in Fachtexten häufig vorkommenden Wortbildungstypen und entsprechender Beispiele.

Nachfolgend werden die oben genannten Wortbildungen und ihre Funktionen in Fachtexten erläutert.

Komposita

Die Komposition stellt eines der produktivsten Wortbildungsverfahren in den Fachsprachen des Deutschen dar (vgl. Roelcke 2005, 73); sie meint die Verbindung von zwei oder mehreren Morphemen oder Morphemfolgen. Durch Komposition entstehen zumeist zweigliedrige, häufig auch drei- und mehrgliedrige Komposita (vgl. Fluck 1997, 65). In deutschen Fachsprachen erfüllen zusammengesetzte Wörter häufig die Funktion der syntaktischen Komprimierung bzw. der Sprachökonomie, da durch Komposition zweier oder mehrerer Elemente zumeist eine längere Phrase zusammengefasst wird (siehe Abschnitt 5.3.2, Beispiel 1).

Hinsichtlich der Funktion von Komposita in deutschen Fachtexten ist anzumerken, dass Komposita Texte komprimieren und damit der Textökonomie dienen. Außerdem geht Roelcke davon aus, dass Komposita „eine ausdrückliche Spezifikation von Bezeichnungen auf Wortebene" gestatten, also auch der Präzision dienen (Roelcke 2005, 74). Komposita im Deutschen sind jedoch semantisch unterspezifiziert und damit häufig unpräzise (vgl. Heringer 1984). Es ist z. B. ohne Kontext bzw. ohne fachliches Wissen nicht deutlich, ob es sich bei *Wasserschutz* um den Schutz eines Gegenstandes vor Wasser handelt oder um den Schutz eines Gegenstandes, der durch die Zuhilfenahme von Wasser erreicht werden soll. Aufgrund dieses Widerspruchs werden Komposita im Rahmen dieser Arbeit ausschließlich als Mittel der Textkompression betrachtet und nicht als Indikator für Präzision gewertet.

Koordinationsellipsen

Ellipsen können als sprachliches Mittel zur Vermeidung redundanter Informationen betrachtet werden (Rooth 1992, 4). Merchant geht davon aus, dass Ellipsen eine grammatische Möglichkeit einer ökonomischen Ausdrucksweise darstellen:

> "Elliptical processes capitalize on the redundancy of certain kinds of information in certain contexts, and permit an economy of expression by omitting the linguistic structures that would otherwise be required to express this information." (Merchant 1999, 1)

Eine Form von Ellipse, die in Fachtexten häufig auftritt, ist die Auslassung eines identischen Morphems in einer koordinierten Wortgruppe (siehe Beispiel 5):

(5)   Schutz- und Neutralleiter → Schutzleiter und Neutralleiter
        (E)

Die Stelle des ausgelassenen Elements wird hier durch Bindestrich gekennzeichnet. In dieser Arbeit wird der Teil der Wortgruppe, der durch die Auslassung gekennzeichnet ist, als Koordinationsellipse annotiert.

Nomenderivate

Auch Derivate haben die Funktion der Textkompression bzw. der Ausdrucksökonomie (vgl. Roelcke 2005, 79), denn Derivation gilt als ein „Mittel sprachlicher Verdichtung" (Fluck 1997, 54). In Bezug auf die Derivation von Nomen werden in der Diskussion um die deutschen Fachsprachen vor allem die Suffixe (siehe Beispiel 6 bis Beispiel 9) als die in fachlichen Texten besonders häufig auftretenden genannt (vgl. z. B. Fluck 1997, 55; Roelcke 2005, 81):

(6)   -er →Hauptverteiler (E)

(7)   -ung →Schnittdarstellung (K)

(8)   -heit → Sicherheit (E)

(9)   -keit →Belastbarkeit (E)

Zudem treten mit hoher Frequenz die so genannten neoklassischen Suffixe auf (siehe Beispiel 10 bis Beispiel 14; vgl. Fluck 1997, 56).

(10)   -ion → Explosion (E)

(11)   -ie → Harmonie (K)

(12)   -tät → Qualität (K)

(13)   -ik → Installation (E)

(14)   -ismus → Kolbenmechanismus (E)

Adjektivderivate

Für die Bildung von Adjektiven bedienen sich die deutschen Fachsprachen am häufigsten der in den Beispielen 15 bis 18 aufgeführten Suffixe (vgl. Fluck 1997, 57). Dabei zählen die auf diese Weise gebildeten Adjektivderivate zu den syntaktischen Mitteln eines anonymen abstrakten Sprachstils (vgl. Oksaar 1998, 400 f.).

(15)   -isch → elastisch (K)

(16)   -lich → hautverträglich (*K*)

(17)   -ig → spitzwinklig (*K*)

(18)   -bar → kämmbar (*K*)

Außerdem finden sich in Fachtexten Derivate, die mithilfe so genannter Halbsuffixe bzw. Affixoide gebildet wurden (siehe Beispiel 19 bis Beispiel 35; vgl. Fluck 1997, 58; Roelcke 2005, 74).

(19)   -haft → dauerhaft (*K*)

(20)   -weise → reihenweise (*K*)

(21)   -mäßig → gleichmäßig (*K*)

(22)   -los → gefahrlos (*E*)

(23)   -frei → unterbrechungsfrei (*E*)

(24)   -arm → wasserarm (Fluck 1997, 58)

(25)   -reich → hilfreich (*K*)

(26)   -fest → stoßfest (Fluck 1997, 58)

(27)   -förmig → spiralförmig (*K*)

(28)   -dicht → wasserdicht (Fluck 1997, 58)

(29)   -haltig → alkoholhaltig (*K*)

(30)   -ähnlich → spindelähnlich (*E*)

(31)   -verträglich → hautverträglich (*K*)

(32)   -echt → farbecht (Fluck 1997, 58)

(33)   -leer → luftleer (ebd., 58)

(34)   -geschützt →rostgeschützt (ebd., 58)

(35)   -artig → zapfenartig (*K*)

Präfixverben

In Fachtexten stellt die Verbderivation durch Präfigierung ein häufig vorkommendes Wortbildungsverfahren dar (vgl. Fluck 1997, 59 ff.). Besonders häufig kommen hier die ausschließlich für die Verbderivation verwendeten Präfixe vor, die der semantischen Differenzierung und Verdeutlichung dienen (siehe Beispiel 36 bis Beispiel 40).

(36)   be- → bemessen (*E*)

(37)   ent- → entzünden (*E*)

(38)   er- → erwärmen (*E*)

(39)   ver- → verlegen (*E*)

(40)   zer- → zerstören (*E*)

Partikelverben

Ein weiterer im fachlichen Sprachengebrauch häufig vorkommender Wortbildungs-typ ist das Partikelverb (siehe Beispiel 41 bis Beispiel 52), das v. a. für den technischen Wortschatz als typisch gilt und dort eine hohe Frequenz aufweist (vgl. Fluck 1997, 59). Die Leistung der Partikelverben besteht wie bei den Präfix-verben in der „Differenzierung und Verdeutlichung von Vorgängen" sowie in ihrer „großen sprachökonomischen Wirkung" (ebd., 59).

Auf „besondere Analyseprobleme" in Bezug auf das Phänomen Partikelverb weist die Vielfalt der existierenden Bezeichnung des ersten Bestandteils hin (vgl. Eisenberg 2006, 256). Eisenberg bezeichnet den trennbaren Teil dieser Ver-ben als „Verbpartikel" und meint damit alle möglichen, von einer verbalen Basis trennbaren Erstteile (vgl. ebd., 254 ff.). Um Verben mit präpositionalen Partikeln handelt es sich beispielsweise bei den Beispielen 41 bis 46, während es sich bei den Beispielen 47 bis 49 um Verben mit adverbialen Partikeln handelt. Verben mit sub-stantivischer, adjektivischer bzw. verbaler Partikel sind die Beispiele 50, 51 bzw. 52 (vgl. ebd., 267).

(41)   anschließen (*E*)

(42)   aufbauen (*E*)

(43)   einspeisen (*E*)

(44)   nachinstallieren (*E*)

(45)   vorschalten (*E*)

(46)   umschalten (*E*)

(47)   hierbleiben (ebd., 268)

(48)   weggehen (ebd., 268)

(49)   dazukommen (ebd., 268)

(50)   brustschwimmen (ebd., 267)

(51)   blankputzen (ebd., 267)

(52)   liegenlassen (ebd., 267)

In der Duden-Grammatik wird hingegen lediglich von Partikelverben mit präpositi-onalem bzw. adverbialem Erstglied ausgegangen (vgl. Dudenredaktion 2005,

707f.), und Helbig und Buscha unterscheiden bei den trennbaren Bestandteilen der Partikelverben zwischen „präpositionalen Präfixen, die auf Adverbien zurückzuführen sind" (z. B. aufstehen) und „adverbialen Präfixen, die auf Adverbien zurückzuführen sind" (z. B. herleiten) (Helbig, Buscha 2001, 199).

Für die vorliegende Arbeit spielt die Diskussion dieses Phänomens eine untergeordnete Rolle, da nicht die Erforschung der Funktionen verschiedener Arten von Partikeln das Ziel der Arbeit ist, sondern der Vergleich der Vorkommenshäufigkeit der Partikelverben. Somit ist für die vorgelegte Arbeit von Bedeutung, dass Partikeln der präzisen semantischen Modifikation der Basisverben dienen (vgl. Eggelte 2008, 134) und daher in Fachtexten mit hoher Frequenz auftreten. In die Analyse dieser Arbeit gehen die Verben mit präpositionalen und adverbialen Partikeln ein.

Nominalisierte Infinitive

Ein weiteres Wortbildungsverfahren, das in Fachtexten häufig genutzt wird, ist die Nominalisierung von Infinitiven (siehe Beispiel 53; vgl. z. B. Fluck 1996, 53; Roelcke 2005, 81; Ohm et al. 2007, 161 f.), die der Komprimierung und der Anonymisierung der Darstellung dient.

> (53) Eigenmächtiges Öffnen der Plombenverschlüsse ist nur
>   erlaubt, wenn dadurch eine Gefahrensituation beseitigt
>   wird. (E)

Außerdem ist die Verwendung von Verbalsubstantiven anstelle der Verben nach Hoffmann eine Folge des „Strebens nach Präzision und Sachlichkeit" (Hoffmann 1987, 137). Somit können diese Wortbildungen sowohl als Mittel der Ökonomie als auch der Präzision und der Abstraktion betrachtet werden.

Entlehnungen

Den deutschen Fachsprachen steht für die Erweiterung ihres Fachwortschatzes auch die Übernahme von Sprachmaterial aus anderen Sprachen zur Verfügung (vgl. Buhlmann, Fearns 2000, 33). Von Entlehnung (siehe Beispiele 54 bis 56) wird gesprochen, wenn ein Fachwort aus einer fremden Sprache unter mehr oder weniger starker Anpassung an das morphologisch-phonologische System in die deutsche Sprache übernommen wird (vgl. Fluck 1997, 53).

> (54) Installation (*E*)
>
> (55) Topic (*E*)
>
> (56) konkav (K)

Dabei geht die Übernahme von Fachwörtern aus fremden Sprachen zum Teil auch mit „technischen Neuerungen oder wissenschaftlichen Entdeckungen aus anderen Ländern" einher (Fluck 1997, 53).

Wortkürzungen

Die Fachsprachen des Deutschen sind gekennzeichnet durch zahlreiche Wortkürzungen bzw. Kurzwörter (vgl. Roelcke 2005, 75; Steinhauer 2000). Als Verfahren der fachsprachentypischen Wortkürzung nennt Roelcke die Kürzung am Wortende (siehe Beispiel 57), die Kürzung am Wortanfang (siehe Beispiel 58), die Kürzung in der Wortmitte (siehe Beispiel 59) sowie Akronyme (siehe Beispiel 60):

(57)   Lok → Lokomotive (Roelcke 2005, 75)

(58)   Bus →Autobus (ebd., 75)

(59)   Krad →Kraftrad (ebd., 75)

(60)   ADAC →Allgemeiner Deutscher Automobil-Club (ebd., 75)

Die Funktion dieser Kürzungen sieht Roelcke ausschließlich in der Ausdrucksökonomie.

Neubildungen mit Wortkürzungen

Wortkürzungen erlauben ihrerseits wiederum Neubildungen (siehe Beispiel 61), was zu einer zunehmenden „Kondensierung" führt (Fluck 1996, 49). Diese Wortbildungen werden im Rahmen dieser Arbeit als Neubildungen mit Wortkürzungen annotiert.

(61)   GS-Zeichen → Geprüfte Sicherheit-Zeichen (ebd., 49)

Terminologisierung bereits existierender Lexeme

Viele Fachwörter sind der bekannten Lexik entnommen und mit einer fachbezogenen Bedeutung versehen (vgl. Arntz, Picht 1989, 20; Fluck 1997, 47). Terminologisierung bedeutet, dass keine neue Laut- bzw. Schriftform geschaffen wird, sondern dass bereits existierende Lexeme in den Fachwortschatz überführt werden (vgl. Fluck 1997, 48). Hierbei spielen v. a. der metaphorische Gebrauch von Lexemen, die Metonymie und die definitorische Festlegung eine zentrale Rolle.

Der metaphorische Gebrauch meint die „Übertragung des Bezeichnenden auf ein neues Bezeichnetes" (Hoffmann 1987, 155) wie z. B. Beispiel 62 als Bezeichnung für einen Teil eines Motors. Die Metonymie als „Übertragung der Namen von Personen auf ihre Entdeckungen und Erfindungen" (Fluck 1997, 50) meint Wortbildungen wie in Beispiel 63.

(62)   Anker → Teil des Elektromotors (Fluck 1997, 48)

(63)   Diesel-, Otto-, Wankelmotor (ebd., 50)

Häufig werden Lexeme auch definiert (siehe Beispiel 64). Dies meint eine definitorische Festlegung im Sinne einer Zuordnung eines Wortes in der jeweiligen Fachsprache zu einem bestimmten Begriff mit festem Inhalt und Umfang durch Definition (vgl. Hoffmann 1976, 298).

(64)   elektrischer Strom (E)

Dass ein genormter Terminus an eine eindeutige Definition seines Inhalts gebunden ist, bedeutet, dass Merkmale angegeben werden müssen, die ihn von anderen, ähnlichen Begriffen abgrenzen. Dabei dienen diese Einschränkungen der Abgrenzung gegenüber Nachbar- und Oberbegriffen (vgl. Buhlmann, Fearns 2000, 34). Ein Fachwort erreicht in diesem Sinne den Status eines Terminus, wenn seine Bedeutung durch eine Definition genau festgelegt ist (vgl. Fraas 1998, 429).

Da Terminologisierungen von fachfremden Personen schwer erkannt und verstanden werden, werden sie aufgrund einer hohen Fehlerwahrscheinlichkeit bei der Annotation im Rahmen dieser Arbeit nicht analysiert.

6.2   Fachsprachentypische Merkmale auf der syntaktischen Ebene

Auch auf der syntaktischen Ebene weisen Fachtexte Besonderheiten auf, die sie von anderen Texten unterscheiden: Syntaktische Mittel in Fachtexten unterscheiden sich hinsichtlich ihrer Frequenz und Verwendungsweise zum Teil erheblich von der Sprachverwendung in nicht fachbezogener Kommunikation (vgl. Fluck 1997, 80).

Die Komplexität fachsprachlicher syntaktischer Konstruktionen wird besonders im Hinblick auf die Satzlänge deutlich. Bezüglich der Satzlänge von Fachtexten nimmt Hoffmann an, dass die mittlere Satzlänge in Fachtexten länger als in anderen Registern ist. Er gibt für wissenschaftliche Texte eine Satzlänge von 15.9 Wörtern an und für „künstlerische Literatur" eine Satzlänge von 10.2 Wörtern; für Satzgefüge und Satzverbindungen nennt er entsprechende Werte von 33.5 gegenüber 23.9 Wörtern pro Satz (vgl. Hoffmann 1987, 205). Dabei sei die Satzlänge weniger fächerabhängig als vielmehr textsortenbedingt (vgl. Hoffmann 1998, 417).

Neben einer durchschnittlich größeren Satzlänge sind Fachtexte durch weitere syntaktische Besonderheiten gekennzeichnet. Tabelle 3 zeigt fachtexttypische syntaktisch-stilistische Mittel, die neben der Satzlänge im Rahmen dieser Arbeit untersucht werden, da sie in der einschlägigen Literatur als fachtexttypisch bezeichnet werden (vgl. z. B. Beier 1979, 277; Fluck 1997, 92 und 107 ff.; Hoffmann 1998, 418 ff.; Buhlmann, Fearns 2000, 17; Weinrich 2005, 988).

Tabelle 3: Übersicht fachsprachentypischer Phänomene auf der syntaktischen Ebene (vgl. z. B. Beier 1979, 277; Fluck 1997, 92 und 107 ff.; Hoffmann 1998, 418 ff.; Buhlmann, Fearns 2000, 17; Weinrich 2005, 988)

Syntaktische Struktur	Beispiel
1. Nominalstil	*Über ein **Signal** von einer **Zusatzeinrichtung (Tarifschaltuhr** oder **Rundsteuerempfänger**) erfolgt die **Umschaltung** zwischen den **Zählwerken**.*
2. Attribuierungen	*Der **unterirdische** Kabelanschluss[...].* *Die Bemessungsstromstärke **der Sicherungen**[...].* *Je nach der Frisierrichtung des Ansatzes entsteht eine Ansatzbewegung, **die nach links oder rechts zeigt**.*
3. Einsparung von Nebensätzen	***Durch den Einsatz der verschiedenen Gestaltungselemente** lassen sich bei der Frisur Schwerpunkte setzen. (Statt: „Indem verschiedene Gestaltungselemente eingesetzt werden, lassen sich bei der Frisur Schwerpunkte setzten.")* *Das **gegenüberliegende** Topic [...].* *(Statt: „Das Topic, das gegenüberliegt, [...] ")*
4. Passiv	*Die Gasleitung **wird** im Haus hinter dem Gaszähler **geerdet** [...]*

Im Folgenden werden die in der Tabelle aufgezählten Strukturen näher erläutert. Dabei muss auch hier angemerkt werden, dass sich die meisten Aussagen auf Fachsprachen bzw. Fachtexte aus dem Bereich des akademischen Sprachgebrauchs und akademischer Institutionen beziehen.

Nominalstil

Ein Merkmal, das Fachtexte auf der syntaktischen Ebene kennzeichnet, ist der hohe Anteil an Nomen:

„Für Fachsprachen ist charakteristisch, daß sie einem nominalen gegenüber einem verbalen Ausdruck den Vorzug geben. Das nennt man den fachsprachlichen Nominalstil, der insbesondere in solchen Fach- und Wissenschaftssprachen anzutreffen ist, die vieles zu klassifizieren und zu systematisieren haben." (Weinrich 2005, 988)

Entsprechend nimmt das Nomen in der fachsprachlichen Kommunikation „einen hervorragenden Platz ein" und „seine vergleichsweise hohe Frequenz gilt als Spezifikum der Fachsprache schlechthin" (Beier 1979, 277). Nomen und Adjektive spielen in fachsprachlichen Texten mit einem Anteil von 50 % bis 60 % am Wortschatz quantitativ betrachtet die größte Rolle (vgl. Hoffmann 1998, 425).

Weinrich geht davon aus, dass der fachsprachliche Nominalstil vornehmlich durch die Verfahren der „nominalen Wortbildung" zustande kommt (vgl. Weinrich 2005, 988). Die Wortbildungen, die im Rahmen dieser Arbeit annotiert und analysiert werden, sind in Abschnitt 6.1 dargestellt. Zusätzlich werden unter der Annahme, dass die Anzahl der Nomen pro Satz einen Indikator für den Grad des Nominalstils eines Textes darstellt, die Nomen auf Satzebene gezählt.

Attribuierung

Der Sprachgebrauch im Fach bedient sich vieler und z. T. komplexer Attribute und Attributsätze, die der näheren Bestimmung von Gegenständen, Begriffen, Handlungen und Vorgängen bzw. der Präzisierung fachlicher Aussagen dienen (vgl. z. B. Fluck 1997, 107 f.; Hoffmann 1998, 418).

In Fachtexten treten vor allen Dingen Adjektivattribute (siehe Beispiel 65), Partizipialattribute (siehe Beispiel 66), Präpositionalattribute (siehe Beispiel 67) und attributive Genitive (siehe Beispiel 68) auf (vgl. Fluck 1997, 107 ff.). Zudem sind häufig Reihungen dieser Attribute vorhanden (siehe Beispiel 69; vgl. Roelcke 2005, 81).

(65)   die **mechanische** Festigkeit (*E*)

(66)   **ungestörte** Betriebsbedingungen (*E*)

(67)   Isolierklemmen **aus Gummi** (*E*)

(68)   Härtegrad **des Wassers** (*K*)

(69)   Die **finger- oder handgelegte** Wasserwelle ermöglicht die
       Herstellung von flachwelligen Frisuren mit
       ausgeprägten **Wellenkanten.** (*K*)

Nach Eisenberg zählen auch Relativsätze (siehe Beispiel 70) zu Attributen (vgl. Eisenberg 2006, 268 ff.). Diese machen in Fachtexten fast die Hälfte aller Nebensätze aus (vgl. Fluck 1997, 83).

> (70) Schmalere Wellenbürsten, runde Lockenbürsten und
>   Toupierbürsten, **die mit weicheren und härteren**
>   **Borsten besetzt sind, eignen sich zum Ausfrisieren.** (*K*)

Im Gegensatz zu den anderen hier genannten Attributen, die der Präzisierung dienen, liegt der Grund für den Gebrauch von Partizipialattributen v. a. in der Sprachökonomie bzw. darin, dass diese oftmals einen entsprechenden Relativsatz einsparen (vgl. z. B. Fluck 1997, 110; Buhlmann, Fearns 2000, 17).

Einsparung von Nebensätzen

Ein weiteres häufig vorkommendes Phänomen in deutschen Fachtexten ist die Einsparung von Nebensätzen, wobei die Kompression von Nebensätzen ein Trend ist, der auch für andere Register beobachtet wird:

> „Die Informationen, die früher in Nebensätzen ausgedrückt wurden, werden sprachlich heute anders realisiert." (Punkki-Roscher 1995, 23)

Wie bereits dargestellt, wird die Einsparung eines Nebensatzes in Fachtexten häufig durch Komposita (siehe Abschnitt 5.3.2; Beispiel 1) oder präpositionale Wortgruppen (siehe Abschnitt 5.3.2; Beispiel 3) erreicht. Des Weiteren dienen Partizipialattribute (siehe Abschnitt 5.3.2, Beispiel 2) dem ökonomischen und präzisen Ausdruck, denn auch sie ersetzen in der Regel Nebensätze. Da die attributiven Partizipien I (siehe Beispiel 71) und II (siehe Beispiel 72) die gleiche nebensatzeinsparende Funktion erfüllen, werden diese nicht getrennt, sondern gemeinsam annotiert und analysiert.

> (71) Beim Anfeuchten wird mit einer Hand das Gesicht der
>   Kundin vor **herablaufendem** Wasser geschützt und die
>   Handbrause nahe an das Haar gehalten, um starkes
>   Spritzen zu vermeiden [...]. (*K*)
>
> (72) In die Motorwicklung **eingebaute** Temperaturfühler (Bild
>   1) erfassen jeden Temperaturanstieg in der Wicklung
>   unabhängig von deren Ursache. (*E*)

Passiv

Das Passiv (siehe Beispiel 73) dient in Fachtexten der Entpersönlichung und der Verallgemeinerung von Aussagen. Es wird in Fachtexten häufig benutzt, da nicht das Agens im Mittelpunkt steht, sondern der Gegenstand, das Ziel oder das Ergebnis einer Handlung (vgl. Fluck 1997, 92).

(73)   In Kellerräumen kann die Hauptleitung auf Putz verlegt
       werden.

Eine sprachstatistische Untersuchung der 1980er Jahre zeigt, dass der Anteil der Passivstrukturen in technischen Texten 35 % gegenüber 9 % in nicht fachlichen Texten beträgt (vgl. Köhler 1981, 246). Als Begründung gibt Köhler u. a. an, dass das Passiv der Hervorhebung des „Bewirkten, Erzeugten, Bearbeiteten", der „Eliminierung des Urhebers einer Handlung" und der „Darstellung von Abstraktheit und Objektivität" diene.

Neben Besonderheiten im Bereich der Wortbildung und auf der syntaktischen Ebene weisen Fachtexte auch auf der Textebene Spezifika auf. Diese werden in Abschnitt 6.3 erläutert.

6.3   Informierende Bilder in Fachtexten

Fachtexte sind komplexe und i. d. R. kohärente sprachliche Äußerungen (vgl. Roelcke 2005, 85 f.), die das Ergebnis der „geistig-sprachlichen Verarbeitung eines tätigkeitsspezifischen Sachverhalts" (Gläser 1990, 18) darstellen. Neben den bereits dargestellten Besonderheiten auf der Wort- und Satzebene sind Fachtexte insbesondere durch die Verwendung außersprachlicher oder spracharmer Kommunikationsverfahren bzw. durch das häufige Vorkommen informierender Bilder gekennzeichnet (vgl. ebd., 52 ff.; Roelcke 2005, 92 f.). Dabei sind Bilder bei Lehr- und Lernprozessen in der Schule als Instrumente des Erkenntnisprozesses „nicht nur unverzichtbar und unersetzbar, sondern geradezu konstitutiv" (Fankhauser Inniger, Labudde-Dimmler 2010, 853).

Im Gegensatz zu künstlerischen Bildern sind informierende Bilder funktionalisiert und sollen bestimmte Informationen effektiv übermitteln (vgl. Weidenmann 1994, 10). Sie stellen an den Bildrezipienten die Aufgabe, die Informationsextraktion, also die Bildverarbeitung, optimal zu bewerkstelligen (vgl. ebd., 10) und kommen vor allem in instruktionalen Situationen zum Einsatz, die arrangiert werden, um Wissen und Können zu erwerben (vgl. ebd., 9).

Da (Fach-)Texte zum einen durch Bilder illustriert werden und diese Bilder zum anderen häufig auch beschriftet sind bzw. durch verbale Erläuterungen ergänzt werden, sind solche Texte meist ein „Konglomerat aus verbaler und piktorialer Information" (Schnotz, Dutke 2004, 63). Somit ist die Definition des Begriffs Lesekompetenz als die Fähigkeit, schriftliche Texte zu verstehen, zu eng. Vielmehr muss unter Lesekompetenz die Fähigkeit verstanden werden, schriftliche Dokumente zu verstehen, in denen sowohl verbale Informationen in Form von Schriftzeichen (graphemisch) als auch piktoriale Informationen in Form von Bildzeichen (graphisch) enthalten sind (vgl. ebd., 63).

6.3.1 Arten informierender Bilder

Illustrationen, die in Fachtexten vorkommen, sind nahezu immer informierende Bilder (vgl. Weidenmann 1994, 9 f.) wie Abbilder (z. B. Fotos, Zeichnungen, grafische Symbole), schematische Bilder (z. B. Landkarten, Schaltpläne) und logische Bilder (v. a. Diagramme). Dabei spielt die Verwendung logischer Bilder in Lehrmaterialien höherer Schulstufen und beruflicher Bildung eine wesentliche Rolle (vgl. Schnotz 1994, 95).

In Tabelle 4, Tabelle 5 und Tabelle 6 sind exemplarisch die verschiedenen Arten informierender Bilder dargestellt, und zwar Abbilder, schematische Zeichnungen und logische Bilder:

Tabelle 4: Typen von Abbildern

Fotos	**Zeichnungen**	**Grafische Symbole**
(Hülsken 2005, 115)	(Hülsken 2005, 128)	(Bastian et al. 2004, 12)

Tabelle 1: Gefahrensymbole

Symbol	Zeichen	Erklärung
	E	Explosionsgefährlich
	O	Brandfördernd
	F / F+	Leicht entzündlich / Hoch entzündlich
	N	Umweltgefährlich
	T / T+	Giftig / Sehr giftig
	C	Ätzend
	Xi / Xn	Reizend / Gesundheitsschädlich

Tabelle 5:   Typen schematischer Zeichnungen

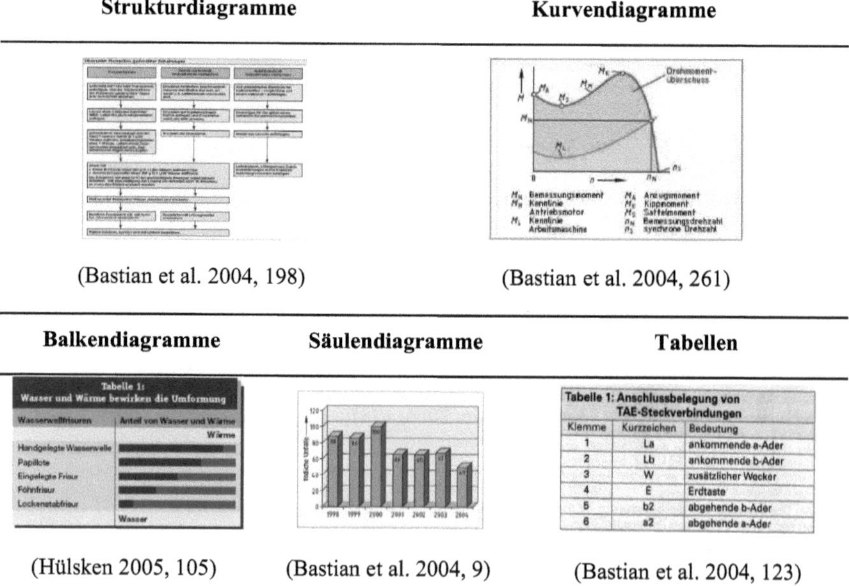

Technische Zeichnungen	**Schaltpläne**
(Hübscher et al. 2005, 134)	(Bastian et al. 2004, 65)

Tabelle 6: Typen logischer Bilder

Strukturdiagramme	**Kurvendiagramme**
(Bastian et al. 2004, 198)	(Bastian et al. 2004, 261)

Balkendiagramme	**Säulendiagramme**	**Tabellen**
(Hülsken 2005, 105)	(Bastian et al. 2004, 9)	(Bastian et al. 2004, 123)

6.3.2   Abstraktionsgrade informierender Bilder

Nicht nur die Anzahl informierender Bilder in Fachtexten, sondern auch der Grad ihrer Ikonizität bzw. ihrer Abstraktion kann in Abhängigkeit von der Zielgruppe stark variieren (vgl. Drewniak 1992, 2). Dabei sind Abbilder weniger abstrakt als logische Bilder bzw. weisen Fotografien den höchsten Grad und Diagramme den geringsten Grad an Ikonizität auf (Stegu 1989, 32 f.).

Abbilder gelten als weniger abstrakt, da sie den realen Objekten am nächsten sind und Inhalte zeigen, die in der Realität beobachtbar sind (vgl. Weidenmann 1994, 12). Schnotz (1994, 108) spricht in diesem Zusammenhang über „physikalische Isomorphie", d. h. räumliche bzw. visuelle Merkmale der dargestellten Objekte werden durch die gleichen räumlichen bzw. visuellen Merkmale in den Abbildern repräsentiert. Diese Bilder werden daher auch „darstellende Bilder" (Peeck 1994, 59), „realistische Bilder" (Schnotz, Dutke 2004, 63) oder „representational pictures" (Alesandrini 1984, 63) genannt:

> „Representational pictures are those that share a physical resemblance with the thing or concept that the picture stands for." (ebd., 63)

Abbilder bzw. realistische Bilder, die zu den ikonischen, den Bildzeichen, gehören (vgl. Schnotz 1999, 33), können – wie in Tabelle 4 dargestellt – Fotos, Zeichnungen oder Symbole wie z. B. eine Uhr für das Konzept Zeit sein (vgl. ebd., 95).

Landkarten, technische Zeichnungen, Schaltpläne usw. (Tabelle 5) werden als schematische Bilder bezeichnet (vgl. Weidenmann 1994, 13). Wie Abbilder visualisieren sie konkrete Realitätsausschnitte. Jedoch werden in schematischen Bildern im Unterschied zu den Abbildern arbiträre Zeichen benutzt, wie das auch bei logischen Bildern der Fall ist (vgl. ebd., 13). Damit sind sie hinsichtlich ihres Abstraktionsgrades zwischen den Abbildern und den logischen Bildern einzuordnen.

Logische Bilder (siehe Tabelle 5) weisen einen höheren Abstraktionsgrad auf als Abbilder und schematische Bilder, denn sie sind „Bilder, durch die Sachverhalte sichtbar gemacht werden, die in der Realität so nicht wahrgenommen werden können, und die keine Ähnlichkeit mit dem Dargestellten besitzen" (Schnotz 1994, 95). Bei logischen Bildern handelt es sich um „kulturelle Erfindungen zur Visualisierung von abstrakten Strukturen, Relationen, Mengen, Abläufen"; ihre Darstellungscodes sind in hohem Maße konventionalisiert (vgl. Weidenmann 1994, 16). Zu den logischen Bilder zählen z. B. Strukturdiagramme, Flussdiagramme, Kreisdiagramme, Säulendiagramme, Liniendiagramme usw., aber auch Tabellen (vgl. ebd., 95). Bemerkenswert ist, dass logische Bilder deutlich jünger sind als Schriftsysteme:

> „Interessanterweise benötigte die Menschheit für die Entdeckung dieser Darstellungsmöglichkeit verhältnismäßig lange – und zwar deutlich länger als für die Entwicklung von Schriftsystemen. Von einzelnen, eher zufälligen Vorläufern abgesehen, wurde es [das System der Darstellung anhand logischer Bilder] erst im 18. Jahrhundert – vor allem durch die Pionierarbeiten eines englischen Ökonomen, William Playfair – entdeckt." (Schnotz 1999, 32)

6.3.3 Didaktische Funktionen informierender Bilder

Informierende Bilder erfüllen in Lehrtexten didaktische Funktionen. Die realistischen Bilder bzw. die Abbilder motivieren und stimulieren den Rezipienten, da sie die Aufmerksamkeit auf sich ziehen, emotionale und ästhetische Erlebnisse vermitteln und von Lesern als besser eingeschätzt werden als bildlose kontinuierliche Texte (vgl. Ballstaedt 1997, 200 f.). Zudem dienen sie als „Realitätsersatz" der Veranschaulichung von Informationen, denn sie bilden die Wirklichkeit modellhaft nach (vgl. ebd., 201). Schließlich sind Abbilder auch geeignet für die Vermittlung räumlicher Orientierung, da in einem Bild räumliche Zuordnungen direkt ablesbar sind und somit geringere Verarbeitungsleistungen erfordern als sprachliche Beschreibungen räumlicher Zusammenhänge (vgl. ebd., 201).

Diagramm hingegen sind besonders effektive Werkzeuge für die übersichtliche Darstellung relationaler Informationen. Die Funktion von Diagrammen liegt somit v. a. in der Darstellung von Zusammenhängen:

> „Diagramme repräsentieren nicht sichtbare quantitative Zusammenhänge zwischen Variablen (Merkmalen, Eigenschaften, Größen) durch topologische und räumliche Beziehungen zwischen einfachen grafischen Elementen (Punkte, Linien, Flächen usw.)." (Ballstaedt 1997, 147)

Baumann geht davon aus, dass informierende Bilder dem Leser helfen können, das Gelesene zu verstehen und zu behalten:

> „Die einzelnen Elemente des visuellen Codes erleichtern dem Rezipienten des Textes das Erkennen inhaltlicher Zusammenhänge. Sie besitzen eine komprimierende und ästhetische Wirkung, vermitteln Anstöße zur gedanklichen Auseinandersetzung mit dem dargestellten Sachverhalt, tragen zur Authentizität der jeweiligen Betrachtung bei und erhöhen beim Leser den Behaltenseffekt des Dargestellten." (Baumann 1998b, 411)

Diese verstehensförderlichen Effekte des Lernens mit einer Kombination von Text und vorgegebenem Bild gegenüber dem alleinigen Lernen aus einem Text konnten in zahlreichen Studien belegt werden (vgl. z. B. Mayer 1997; Brünken et al. 2001; Brünken et al. 2005; Starauschek 2006). So zeigen Ergebnisse von Schülerbefragungen zur Rolle realistischer Bilder, dass diese das Textverstehen unterstützen (vgl. Starauschek 2006). Außerdem fand Mayer in Untersuchungen zum Textverstehen heraus, dass Studierende wissenschaftliche Erklärungen besser verstehen, wenn ihnen zu einem verbalen Text auch Bilder zur Verfügung stehen (vgl. Mayer 1997).

Mayers Untersuchungen zeigen außerdem, dass das Vorwissen der Lesenden eine Rolle spielt und dass Bilder für Lernende mit unterschiedlichem Vorwissen unterschiedlich hilfreich sind: Vor allem bei Lernenden mit geringem Vorwissen über den Lerngegenstand konnte er positive Effekte einer kombinierten Präsentation von verbaler und piktorialer Information zeigen, nicht jedoch bei Lernenden mit hohem Vorwissen. Er schließt daraus, dass Lernende mit hohem Vorwissen offenbar in der Lage sind, auch ohne bildhafte Unterstützung ein mentales Modell des betreffenden Lerninhaltes zu konstruieren. Das Fehlen piktorialer Information kann bei ihnen offenbar durch hinreichendes Vorwissen kompensiert werden.

Insgesamt wird im Rahmen eines solchen Modells des integrierten Text- und Bildverständnisses (vgl. Schnotz 2002; Schnotz, Bannert 2003; Schnotz 2009) die Lernwirksamkeit von Text-Bild-Kombinationen darauf zurückgeführt, dass der zu lernende Sachverhalt im Sinne einer dualen Kodierung in separaten sensorischen Kanälen aktiv vom Lernenden verarbeitet wird und die Lernenden ein kohärentes mentales Modell des dargestellten Sachverhaltes aufbauen, das ihnen ein tieferes Textverständnis ermöglicht (vgl. Schwamborn et al. 2010, 222). Dabei gilt allerdings, dass die unterschiedlichen Bildarten unterschiedlich hilfreich für das Verstehen von (Fach-)Texten und den Lernprozess sind.

So besteht für dekorative Bilder, die keinen inhaltlich-erklärenden Bezug zum zu lernenden Material aufweisen, ein nur bedingter Nutzen für das Lernen (vgl. Lenzner 2009; Mayer 2009; Sweller 2009). Außerdem scheinen logische Bilder weniger förderlich für das Lernen zu sein als Abbilder (vgl. z. B. Levie, Lentz 1982; Weidenmann 1994). Entsprechend fanden Levie und Lentz in empirischen Studien heraus, dass logische Bilder schwieriger zu verarbeiten sind als Abbilder:

> „Maps, diagrams, and graphic organizers appear to be less reliable than representational pictures. Some research suggests that a major problem with non-representational pictures is that learners are not practiced in making effective use of them." (Levie, Lentz 1982, 218)

Levie und Lentz konnten zudem zeigen, dass Leser komplexe Illustrationen wie logische Bilder nicht nutzen, wenn sie nicht durch Förderung und Anleitung dabei unterstützt werden (vgl. ebd., 226). Dabei haben insbesondere Lernende mit geringem Vorwissen oftmals Schwierigkeiten, die relevanten Informationen zu identifizieren und zu verarbeiten (vgl. Brünken et al. 2005, 62).

In Bezug auf die didaktischen Funktionen informierender Bilder nimmt Weidenmann an, dass Bilder das Verständnis sogar behindern können:

„Noch gibt es zu viele informierende Bilder bzw. Text/Bild-Kombinationen in Lerntexten, Fachbüchern, Computerprogrammen, Videos usw., die eine Verarbeitung durch den Nutzer eher behindern als fördern." (Weidenmann 1994, 7)

Schnotz stellt bezüglich einer möglichen Behinderung des Leseverständnisses durch Bilder fest, dass solche Bilder Leistungseinbußen verursachen, die für die zu lösende Verstehensaufgabe nicht adäquat sind, also nicht zur Aufgabe passen. Dass mentale Modellkonstruktionen durch „aufgabeninadäquate Bilder" offenbar gestört werden, erklärt er mit den Interferenzen, die durch unangemessene Bilder verursacht werden (vgl. Schnotz 1999, 42).

In Bezug auf das Vorkommen informierender Bilder in Fachkundebüchern wäre es aufschlussreich zu erforschen, ob diese bzw. welche dieser Bilder das Textverstehen welcher Schüler fördern oder behindern. Den Rahmen der hier vorgelegten Arbeit würde die Beantwortung dieser Frage jedoch überschreiten, und darüber hinaus wäre eine solche Untersuchung eher im Bereich der Psycholinguistik anzusiedeln. Immerhin kann aber in der hier durchgeführten Analyse von Fachkundebuchtexten untersucht werden, welche informierenden Bilder in Lehrbuchtexten für die berufliche Bildung vorkommen und mit welchen Häufigkeiten sie auftreten: Unter der Annahme, dass logische Bilder schwieriger zu verarbeiten sind als Abbilder, werden neben fachtexttypischen Wortbildungen und syntaktischen Phänomenen auch die Frequenzen der Fotos, Zeichnungen, Symbole, der schematischen Bilder sowie der Diagramme und Tabellen, die in den Lehrwerken auftreten, ausgewertet.

6.4 Zusammenhang von fachsprachentypischen Merkmalen und Fachsprachlichkeit

Die in diesem Kapitel erläuterten Strukturen auf der Wort-, Satz- und Textebene gelten als typisch für Fachtexte. Darüber hinaus wird angenommen, dass sie in diesen Texten besonders häufig vorkommen. Kalverkämper geht davon aus, dass diese Strukturen Fachsprachlichkeit signalisieren. Er nimmt an, dass ihr häufiges Vorkommen einen Text als fachlichen Text bestimmt, während ihr weniger häufiges Vorkommen einen Text als weniger fachlichen Text bestimmt:

> „Diese Sprachmittel in ihrer textgebundenen Gemeinschaft signalisieren ‚Fachsprachlichkeit‘, sie markieren die fachbezogene Funktion des Textes und der Kommunikationssituation, sie bestimmen mit ihrem gestuften Merkmalreichtum die Einschätzung des Textes als (mehr oder weniger) Fachtext.“ (Kalverkämper 1990, 114)

Kalverkämpers Auffassung folgend können jegliche Kommunikation und jeglicher Text in eine Skala eingeordnet werden, die die beiden Pole „viele fachsprachliche Merkmale“ und „wenig fachsprachliche Merkmale“ aufweist. Dabei zeigen viele Merkmale einen hohen und wenig Merkmale einen niedrigen Fachsprachlichkeitsgrad an (vgl. Kalverkämper 1990, 112). In einer solchen Skala wären alltägliche Gespräche eher als merkmalarm bzw. wenig fachsprachlich einzustufen, während die Kommunikation zwischen Fachleuten als merkmalreich bzw. sehr fachsprachlich einzuschätzen wäre.

Wie Kalverkämper geht auch Biber davon aus, dass linguistische Unterschiede zwischen Registern durch das häufige Vorkommen bzw. das Nichtvorkommen bestimmter lexikalischer und grammatischer Merkmale gekennzeichnet sind und weniger durch das Vorkommen einzelner distinktiver Registermarker:

> "In most cases [...] register differences are realized through the relative presence or absence of register features – core lexical and grammatical features – rather than by the presence of a few distinctive register markers." (Biber 2008, 823)

Diesen Äußerungen folgend liegt der vorliegenden Arbeit die Annahme zugrunde, dass das Vorkommen und die Frequenzen der in der Literatur genannten fachsprachentypischen Merkmale den Fachsprachlichkeitsgrad eines Textes anzeigen. Folglich ist es möglich, Texte anhand eines Frequenzvergleichs dieser Merkmale hinsichtlich ihres Fachsprachlichkeitsgrades zu vergleichen.

Dabei ist jedoch eine Einordnung von Texten in eine wie von Kalverkämper angenommene Skala der Fachsprachlichkeit noch nicht möglich, da die „Theorie der Skalierung von Fachsprachlichkeit" (Strebl 2004, 43) bisher empirisch nicht bestätigt wurde und dementsprechend eine Fachsprachlichkeitsskala nicht vorliegt.

Bevor die Studie zum Vergleich der Fachsprachlichkeit von Fachkundebuchtexten verschiedener Berufsfelder, die die Grundlage dieser Arbeit darstellt, beschrieben und ausgewertet wird, werden in Kapitel 7 einige registeruntersuchende und registervergleichende ausgewählte Studien sowie die zugrunde liegenden Methoden dargestellt, die für die vorliegende Arbeit von Bedeutung sind.

7 Registervergleichende Studien

Die Annahme, dass Register in Bezug auf die Frequenzen linguistischer Merkmale variieren, wurde mithilfe verschiedener Studien bestätigt (vgl. z. B. Biber 2003 und 2008). Hinsichtlich sprachvergleichender Frequenzanalysen können deskriptive und analytische Studien voneinander unterschieden werden (vgl. Rehbein 2004, 9). Quantitative sprachstatistische Untersuchungen beschränkten sich lange Zeit auf die Auszählung einzelner Phänomene und einen deskriptiven Vergleich der Ergebnisse. Im Gegensatz dazu versuchen analytische Studien mithilfe multivariater Methoden von textinternen Variablen auf textexterne funktionale Dimensionen zu schließen (vgl. ebd., 10). In den Abschnitten 7.1 und 7.2 werden exemplarisch einige der Studien kurz erläutert, die den Vergleich von zwei oder mehreren Registern zum Ziel haben und auf deskriptiven bzw. analytischen Methoden basieren.

7.1 Deskriptive Registervergleiche

Für das Deutsche wurden zahlreiche sprachstatistische Untersuchungen durchgeführt (vgl. z. B. Lemnitzer, Zinsmeister 2006); jedoch liegen bisher keine Studien zum Vergleich der Fachsprachlichkeit von Fachkundebuchtexten verschiedener Berufsfelder vor. Die meisten der wenigen registervergleichenden Studien, die für das Deutsche überhaupt existieren, nutzen als Untersuchungsmethode den deskriptiven Frequenzvergleich einzelner sprachlicher Phänomene.

So stellt Hoffmann bereits in den 1980er-Jahren mithilfe von Frequenzanalyen fest, dass der Prozentsatz von Nomen in Texten themen- bzw. registerabhängig variiert: In Texten der Medizin, der Chemie oder der Physik treten Nomen mit einem Anteil von ca. 44 %, 43.78 % bzw. 39 % wesentlich häufiger auf als in wissenschaftlichen Zeitungsinformationen (ca. 34 %) oder in künstlerischer Prosa (28 %) (vgl. Hoffmann 1987, 137 ff.). Ebenso zeigt Hoffmanns Untersuchung, dass die durchschnittliche Satzlänge in wissenschaftlich-technischer Literatur (ca. 15 Wörter pro Satz) deutlich länger ist als in den Textsorten Drama (ca., 4.5 Wörter pro Satz), Prosa (ca. 12.5 Wörter pro Satz) oder Poesie (ca. 10.5 Wörter pro Satz) (vgl. ebd., 205).

Adressatenabhängige Unterschiede der Frequenzen von Fachwörtern zeigt Koch (zitiert nach Arntz, Picht 1989, 27 ff.). Er vergleicht einen Text aus einem Physiklehrbuch für Schüler der Sekundarstufe I mit einem Text aus einem Lehrbuch der Elektrotechnik für Hochschulstudierende. Das Thema der Texte variiert nicht; beide Texte thematisieren Transformatoren. Kochs Vergleich zeigt, dass der Anteil von Fachwörtern in dem Schulbuchtext 16.8 % beträgt, während er im Universitäts-lehrbuch bei 19.5 % liegt. Außerdem sind die Sätze in dem Schulbuch mit durch-durchschnittlich 11.7 Wörtern pro Satz deutlich kürzer als in dem Lehrbuch für Elektrotechnik mit 14.2 Wörtern pro Satz. Statistische Signifikanzmessungen wur-den zu diesen Ergebnissen allerdings nicht vorgenommen.

7.2 Registervergleiche mithilfe multivariater Methoden

Sprachstatistische Untersuchungen, die den Zusammenhang zwischen dem Vorkommen bestimmter sprachlicher Phänomene und funktionalen Dimensionen von Registern untersuchen, wurden und werden vor allem von Douglas Biber durchgeführt. Seine multidimensionale Hauptstudie von 1988, in der er die Bezie-hung zwischen gesprochener und geschriebener Sprache im Englischen untersucht, zeigt mithilfe von Faktorenanalysen, dass bestimmte sprachliche Mittel innerhalb eines Registers kookkurrieren, d. h. statistisch gesehen mit einer mehr als zufälli-gen Häufigkeit miteinander auftreten und so Gruppen bzw. Faktoren bilden. Aufgrund der gemeinsamen kommunikativen Funktion, die diese Mittel teilen, können die Faktoren als sprachliche Dimensionen interpretiert werden.

In seiner Studie von 1988 ergeben sich auf diese Weise aus 67 untersuchten lingu-istischen Merkmalen sieben Faktoren, die Biber als Dimensionen zur Beschreibung von Registerunterschieden interpretiert (vgl. Biber 1988). Die ersten fünf dieser Faktoren, die auch für weitere registervergleichende Studien von Bedeutung sind, ergeben die Dimensionen „Involved versus Informational Production", „Narrative versus Non-Narrative Concerns", „Explicit versus Situation-Dependent Reference", „Overt Expression of Persuasion" und „Abstract versus Non-Abstract Information" (Biber 1988, 115).

Exemplarisch wird nachfolgend der Faktor „Involved versus Informational Produc-tion" erläutert: Abbildung 8 zeigt, welche linguistischen Merkmale diesen Faktor bilden. Für jedes Merkmal wird in der Tabelle außerdem die Ladung auf den Faktor angegeben[11].

---

11 Für die vollständige Beschreibung der Faktoren und deren Interpretation vgl. Biber (1988), Kapitel 5.

Factor 1

private verbs	.96
THAT deletion	.91
contractions	.90
present tense verbs	.86
2nd person pronouns	.86
DO as pro-verb	.82
analytic negation	.78
demonstrative pronouns	.76
general emphatics	.74
1st person pronouns	.74
pronoun IT	.71
BE as main verb	.71
causative subordination	.66
discourse particles	.66
indefinite pronouns	.62
general hedges	.58
amplifiers	.56
sentence relatives	.55
WH questions	.52
possibility modals	.50
non-phrasal coordination	.48
WH clauses	.47
final prepositions	.43
(adverbs	.42)
(conditional subordination	.32)

----

nouns	- .80
word length	- .58
Prepositions	- .54
type/token ratio	- .54
attributive adjs.	- .47
(place adverbials	- .42)
(agentless passives	- .39)
(past participial WHIZ deletions	- .38)
(present participial WHIZ deletions	- .32)

Abbildung 8:   Faktor 1 („Involved versus Informational Production") aus Bibers Studie von 1988 und die linguistischen Merkmale mit ihren Ladungen auf den Faktor (Biber 1988, 83)

Die Abbildung 8 zeigt für den Faktor „Involved versus Informational Production",
dass z. B. „private" Verben, *that*-Tilgungen, Kontraktionen und andere sprachliche
Strukturen kookkurrieren und eine hohe Ladung auf den Faktor haben. Gleichzeitig
kookkurrieren auch Nomen, lange Wörter, Präpositionen und weitere sprachliche
Strukturen, die auf diesen Faktor eine negative Ladung haben.

Dass sich Register im Hinblick auf diesen Faktor bzw. diese Dimension unterscheiden, veranschaulichen die unterschiedlichen Werte: Während Telefongespräche und „face-to-face"-Gespräche hohe Werte für den Faktor „Involved
versus Informational Production" aufweisen, weisen akademische Prosa, Pressere-
portagen und offizielle Dokumente niedrige Werte auf. Wenn in einem Register
bzw. in einem Text die Merkmale mit positiver Ladung auf den Faktor auftreten,
treten diejenigen mit negativer Ladung also eher nicht auf. Diese Ergebnisse zeigen, dass die linguistischen Strukturen mit positiver und negativer Ladung in
komplementärer Verteilung auftreten.

Abbildung 9 zeigt die Werte verschiedener Register für den Faktor 1. Aus ihr geht
hervor, dass Telefongespräche den größten Wert für die Dimension „Involved versus Informational Production" aufweisen und offizielle Dokumente den kleinsten.

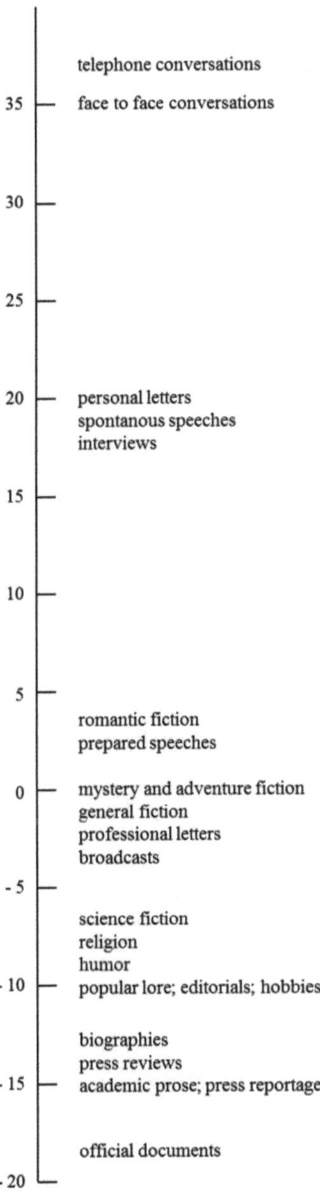

Abbildung 9: Werte verschiedener Register für Bibers Dimension 1 („Involved versus Informational Production") (Biber 1988, 128)

Aufbauend auf den von Biber ermittelten Dimensionen wurden weitere Studien zu registerabhängigen Unterschieden durchgeführt, von denen in diesem Abschnitt einige dargestellt werden.

2003 beschreibt Biber die Variation zwischen verschiedenen gesprochenen und geschriebenen universitätsspezifischen Registern, darunter akademische Register wie Vorlesungen und Lehrbücher einerseits und nicht akademische Register wie Interaktionen im Bereich der Dienstleistungen oder institutionelle Briefe andererseits. Er findet heraus, dass diese Register ein breites Spektrum sprachlicher Variation abdecken (vgl. Biber 2003), dass sich Register also hinsichtlich des Vorkommens und der Frequenzen sprachlicher Mittel und Strukturen unterscheiden.

In einer diachronen Studie untersucht Atkinson (1992, 1996) mithilfe der von Biber definierten Dimensionen die Entwicklung englischer Wissenschaftstexte („scientific research articles"). Das Korpus bilden Artikel der naturwissenschaftlichen Zeitschrift *Philosophical Transactions of the Royal Society of London*, die im Zeitraum von 1675 bis 1975 veröffentlicht wurden. In dieser Studie findet Atkinson heraus, dass sich der sprachliche Stil der Artikel im Verlauf der untersuchten ca. 300 Jahre stetig von einem „involvierten" zu einem mehr und mehr „informativen" Stil entwickelt hat („Involved versus Informational Production", Dimension 1). Zudem entwickeln sich die Artikel im Verlauf der Zeit zunehmend zu nicht erzählerischen Texten („Narrative versus Non-narrative Concerns", Dimension 2).

Conrad zeigt textsortenbedingte Unterschiede innerhalb eines Fachs. Auch sie nutzt die Methode der multidimensionalen Analyse, um wissenschaftliche Artikel („research articles") und Lehrbuchtexte („textbooks") des Fachs Biologie miteinander zu vergleichen. Sie zeigt, dass sich diese beiden Textsorten hinsichtlich des Grades der persönlichen Ausdrucksweise („Abstract versus Non-Abstract Information", Dimension 5) voneinander unterscheiden, sich jedoch in Bezug auf das Fehlen narrativer Merkmale („Narrative versus Non-narrative Concerns", Dimension 2) sehr ähneln (vgl. Conrad 1996).

Variationen innerhalb einer Textsorte zeigen Biber und Finegan. Anhand von Artikeln aus dem Bereich der medizinischen Forschung finden sie heraus, dass zwischen den einzelnen Abschnitten dieser Artikel – d. h. zwischen der Einleitung, der Beschreibung der Methoden, der Ergebnisdarstellung und der Diskussion – bezüglich der 1988 konstatierten Dimensionen Unterschiede bestehen, die durch die Abschnitte eines Artikels bzw. die Subregister determiniert sind (vgl. Biber, Finegan 1994) .

Altersbedingte Registerunterschiede stellt Reppen fest: Sie untersucht mittels einer multidimensionalen Analyse die altersabhängige Variation des Sprachgebrauchs zehn- bis elfjähriger Schüler und Erwachsener. Sie stellt fest, dass die relevanten Unterschiede zwischen den Registern der Kinder und denen der Erwachsenen nicht im Kommunikationszweck begründet sind, sondern vielmehr in den linguistischen Mitteln, die für diese Zwecke genutzt werden. Dabei besteht der bedeutendste Unterschied zwischen der Schüler- und der Erwachsenensprache darin, dass die Erwachsenen eine größere Auswahl linguistischer Mittel nutzen, während Schülern eine begrenzte Anzahl sprachlicher Mittel zur Verfügung steht (vgl. Reppen 2001).

Für das Deutsche liegen bisher kaum multivariate Registerstudien vor. Eine der wenigen Studien ist diejenige von Rehbein, die Unterschiede zwischen Texten verschiedener Ressorts der Tageszeitung (taz) zeigt. Neben diesen ressortabhängigen Unterschieden kann sie aufzeigen, dass sich die Zeitungsartikel, die kurz nach dem 11. September 2001 entstanden sind, von Texten vor dem 11. September 2001 unterscheiden (vgl. Rehbein 2004).

Wie die hier dargestellten Studien zeigen, können statistische multivariate Methoden für Registervergleiche genutzt werden. Im Gegensatz dazu werden im Rahmen der vorliegenden Studie zur Fachsprachlichkeit von Lehrbuchtexten keine Texte verschiedener Register analysiert, sondern es erfolgt ein Vergleich innerhalb des Registers „Fachtexte in der beruflichen Bildung". Mithilfe der dieser Arbeit zugrundeliegenden Studie wird die Fachsprachlichkeit verschiedener Textkorpora verglichen; das Forschungsdesign zeichnet sich durch die Annotation ausschließlich fachtexttypischer Strukturen aus. Es wird davon ausgegangen, dass diese fachtexttypischen Strukturen die gemeinsame Dimension „Fachsprachlichkeit" abbilden, sodass die Auswertung der Daten mittels bivariater Verfahren das angemessenere Verfahren zu sein scheint. Um dennoch zu prüfen, ob die Anwendung der bivariaten Statistik in der Tat das adäquate Vorgehen darstellt, wurden die Daten zudem mittels multivariater strukturentdeckender Verfahren ausgewertet, auf deren Ergebnisse in Abschnitt 8.5 eingegangen wird.

8   Empirisches Vorgehen

In Bezug auf die Arbeit mit Korpora lassen sich zwei grundsätzlich verschiedene Ansätze konstatieren (vgl. Lenz 2000, 10 ff.). Zum einen kann man Korpora nutzen, um neue Theorien aufzustellen. In diesem Fall werden die Theorien erst aus den Daten entwickelt, die durch die Korpusanalysen gewonnen werden. Zum anderen lassen sich mithilfe korpuslinguistischer Methoden bestehende Theorien testen und empirisch fundieren.

Der korpuslinguistischen Untersuchung, die die Grundlage der hier vorgelegten Arbeit bildet, liegt die Hypothese zugrunde, dass sich Fachsprachen voneinander unterscheiden (Abschnitt 5.2). Um diese Annahme empirisch zu belegen, werden Texte aus Fachkundebüchern für die Berufsfelder Körperpflege und Elektrotechnik hinsichtlich des Grades ihrer Fachsprachlichkeit miteinander verglichen. Als Indikatoren für Fachsprachlichkeit werden der Auffassung Kalverkämpers (1990, 114) folgend die Frequenzen der in der Literatur genannten fachsprachentypischen Phänomene herangezogen. Da aus der entsprechenden Literatur bereits bekannt ist, welche sprachlichen Strukturen Fachsprachlichkeit indizieren, müssen diese nicht mithilfe explorativer Faktorenanalysen ermittelt werden. Vielmehr sind die Variablen, die die Dimension Fachsprachlichkeit bilden, durch theoretische Annahmen der Fachsprachenlinguistik und bisherige sprachstatistische Untersuchungen vorgegeben (siehe Kapitel 6), sodass der Fachsprachlichkeitsvergleich der Fachkundebuchtexte mithilfe eines Frequenzvergleichs dieser fachsprachentypischen Phänomene erfolgen kann.

Bevor in den Kapiteln 9, 10 und 11 die Ergebnisse der Vergleiche auf der Wort-, Satz- und Textebene präsentiert werden, werden in diesem Kapitel die Methode der korpuslinguistischen Analyse, die Aufbereitung und die Auswertung der Daten sowie die Art und Weise der Auswertung erläutert.

8.1   Die Methode der korpuslinguistischen Analyse

Die Korpuslinguistik ist eine sprachwissenschaftliche Disziplin, die sich mit der Erstellung, Verwaltung und Auswertung von Korpora gesprochener und geschriebener Sprache beschäftigt. Ein Korpus besteht aus einer Sammlung von Wörtern, Sätzen oder Texten, die üblicherweise als elektronische Datenbank vorliegt:

> „Ein Korpus ist eine Sammlung schriftlicher oder gesprochener Äußerungen in einer oder mehreren Sprachen. Die Daten des Korpus sind digitalisiert, d.h. auf Rechnern gespeichert und maschinenlesbar. Die Bestandteile des Korpus,

die Texte, bestehen aus den Daten selbst sowie möglicherweise aus Metadaten, die diese Daten beschreiben, und aus linguistischen Annotationen, die diesen Daten zugeordnet sind." (Lemnitzer, Zinsmeister 2006, 40)

Die Sammlung von Texten, die ein Korpus bilden, kann dabei zufällig entstanden sein oder als Ergebnis sorgfältiger Planung. Lemnitzer und Zinsmeister gehen diesbezüglich davon aus, dass ein Korpus umso nützlicher für die Forschung ist, je besser es geplant ist (vgl. ebd., 40).

Korpora können nach verschiedenen Gesichtspunkten durchsucht werden. Das Ziel solcher korpuslinguistischen Untersuchungen besteht darin, aus den großen Datenmengen, die die Korpora darstellen, linguistische Informationen zu extrahieren. Die Korpuslinguistik ist daher kein Teilgebiet der Linguistik wie Morphologie, Syntax oder Semantik, sondern stellt eine Methode zur Erforschung und Beschreibung dieser Teilgebiete dar. Damit eröffnet sie die Möglichkeit zu einer empirisch fundierten Linguistik und ermöglicht eine Entwicklung von einer normativen zu einer deskriptiven Linguistik. Korpusbasierte Sprachbeschreibungen können dabei verschiedenen Zwecken dienen, zum Beispiel dem Sprachunterricht, der Sprachdokumentation, der Lexikographie oder der maschinellen Sprachverarbeitung (vgl. ebd., 9).

8.2   Die Korpora

Um zu prüfen, ob der Fachsprachlichkeitsgrad von Texten aus Lehrbüchern für die berufliche Bildung in Abhängigkeit des Fachs variiert, werden im Rahmen der hier vorgelegten Arbeit zwei Textkorpora sprachstatistisch untersucht. Für Fachkundebücher zweier Berufsfelder werden die Frequenzen fachsprachentypischer Merkmale ermittelt und miteinander verglichen.

Da bereits Untersuchungen zu Fachkundebüchern des Berufsfelds Körperpflege vorliegen, die den sprachlichen Stil der Texte kritisieren (vgl. Peters 1994), wurden für die hier vorgelegte Arbeit ebenfalls Texte des Berufsfelds Körperpflege ausgewählt. In Bezug auf die Ergebnisse der Untersuchung von Peters 1994 muss zwar offen bleiben, ob sie sich auf aktuelle Schulbücher übertragen lassen, jedoch bieten sie einen Anknüpfungspunkt für die vorgelegte Arbeit. Die Vergleichsgröße zu den Texten aus den Körperpflegelehrwerken stellen Texte aus Fachkundebüchern für das Berufsfeld Elektrotechnik dar.

Aus jeweils zwei Fachkundebüchern der Berufsfelder Körperpflege und Elektrotechnik wurden per Stichprobenverfahren einzelne Kapitel ausgewählt, die die Korpora bilden. Die Bücher des Berufsfelds Körperpflege sind laut Vorwort für den Einsatz in der Ausbildung zum Friseur sowie zum Kosmetiker konzipiert; die Bücher des Berufsfelds Elektrotechnik sind u. a. für den Einsatz in der Ausbildung zum Elektroniker verschiedener Fachrichtungen, z. B. zum Systemelektroniker, zum Mechatroniker, zum Elektroinstallateur, zum Elektromaschinenbauer und zum Industrieelektroniker verfasst.

Das erste Korpus umfasst Texte aus zwei Fachkundebüchern für das Fach Körperpflege. Diese beiden Fachkundebücher wurden aus der Gesamtheit der Bücher ausgewählt, da Befragungen pädagogischer Akteure ergaben, dass sie häufig eingesetzt werden. Die Texte aus diesen Lehrbüchern werden in dieser Arbeit als Korpus *Körperpflege (K)* bezeichnet.

Das zweite Korpus besteht aus Texten, die aus zwei Berufsschulbüchern für das Fach Elektrotechnik stammen, und in dieser Arbeit Korpus *Elektrotechnik (E)* genannt werden. Diese Bücher wurden ebenfalls aufgrund einer Befragung von Pädagogen aus dem Bereich der beruflichen Bildung ausgewählt.

Den jeweiligen Büchern entsprechend untergliedern sich die beiden Korpora in jeweils zwei Subkorpora. Diese werden im Folgenden als Subkorpora *K1*, *K2*, *E1* und *E2* bezeichnet.

Da im Rahmen dieser Arbeit nicht die Bücher in Gänze bzw. alle Buchkapitel annotiert werden konnten, wurden per Zufallsstichprobe[12] einzelne Kapitel für die Untersuchung ausgewählt: Zunächst wurden jeweils zwei Kapitel aus Fachkundelehrwerken des Fachs Körperpflege ausgewählt. Beide Kapitel zusammen umfassen in dem einen Körperpflegebuch 56 Seiten und in dem anderen 52 Seiten.

Für die Bücher des Fachs Elektrotechnik wurden ebenfalls dem Zufallsprinzip folgend Stichproben gezogen: Aus dem ersten Fachkundebuch Elektrotechnik wurden insgesamt vier Kapitel ausgewählt, da die Kapitel in diesem Buch im Vergleich zu denen der Körperpflegelehrwerke sehr kurz sind. Diese Kapitel umfassen insgesamt 46 Seiten. Aus dem zweiten Fachkundebuch des Berufsfelds Elektrotechnik wurde ein Kapitel mit 49 Seiten ausgewählt.

Sofern es nicht anders erwähnt wird, beziehen sich alle in dieser Arbeit genannten Beispielwortformen und alle Beispielsätze auf eines der beiden Korpora bzw. auf eines der vier Subkorpora.

---

12 Bei der Zufallsstichprobe hat jedes Objekt der Grundgesamtheit die gleiche Wahrscheinlichkeit, in die Stichprobe zu gelangen (Bortz, Döring 2006, 396 f.).

8.3 Tagging der Daten

Die Texte wurden mithilfe des *Stuttgart-Tübingen Tagset* (kurz *STTS*) morphosyntaktisch getaggt, d. h. den Tokens[13] wurden automatisch ihre Wortarten-label und die Lemmata zugewiesen. Zur Übersicht über die Größe der Korpora und ihrer Subkorpora sind in Tabelle 7 die Anzahl der Seiten, der Sätze sowie der Tokens aufgelistet.

Tabelle 7: Kennzahlen der Korpora *K* und *E*

Korpus	Korpus *K* (4 Kapitel aus 2 Fachkunde-büchern)	Korpus *E* (5 Kapitel aus 2 Fachkunde-büchern)
Anzahl der Seiten	108	95
Anzahl der Sätze	1555	1451
Anzahl der Tokens	22581	23544

8.4 Annotation der Korpora

Alle Annotationen erfolgten mittels des Programms Exmaralda. Auf der Wortebene wurden alle in Tabelle 2 genannten Wortbildungsprozesse pro Token annotiert und gezählt, unabhängig davon, in welcher Reihenfolge sie angewandt wurden. So ist beispielsweise das Token *Verteiler* als Nominalisierung (*verteilen → der Verteiler*) und auch als Präfixverb (*ver-teilen*) annotiert und weist damit zwei fachsprachen-typische Wortbildungen auf. Für die Untersuchung, ob eines der beiden Korpora eine höhere Frequenz fachsprachentypischer Wortbildungen aufweist, ist dieses Annotationsverfahren notwendig, damit Informationen zu einzelnen Tokens nicht verloren gehen.

Auf der syntaktischen Ebene wurden zunächst Sätze und Nebensätze annotiert. In einem weiteren Schritt wurden als Strukturen, die sprachliche Präzision generieren, Genitivattribute (siehe Abschnitt 6.2; Beispiel 68) und Relativsätze (siehe Abschnitt 6.2; Beispiel 70) gekennzeichnet.

---

13 Tokens sind Wörter, aber auch Zahlen, Satzzeichen, Klammern, Anführungsstriche und andere Zeichen (vgl. Lemnitzer, Zinsmeister 2006, 65). In dieser Arbeit wurde jede Folge von Zeichen, die durch Leerzeichen getrennt ist, als Token gezählt.

Als nebensatzeinsparende Strukturen und damit als Indikatoren für sprachliche Ökonomie wurden präpositionale Wortgruppen (siehe Abschnitt 5.3.2; Beispiel 3) und Partizipien im attributiven Gebrauch (siehe Abschnitt 5.3.2; Beispiel 2) annotiert. So genannte Pseudopartizipien[14] wurden dabei nicht berücksichtigt, da sie in der Regel keinen Nebensatz komprimieren und somit nicht der Sprachökonomie dienen.

Um den Anonymitätsgrad der Korpora bestimmen zu können, wurden zum einen Passivstrukturen annotiert. Zum anderen wurden Pronomen mit direktem Bezug auf Autor oder Leser (siehe Beispiel 74) annotiert, die als Indikator für einen nicht anonymen Stil gewertet werden.

> (74)   Zur Verdeutlichung der Wirkungsweise eines Zählers
>   betrachten **wir** den Einphasenwechselstromzähler. (*E*)

Damit auch Aussagen über die Fachsprachlichkeit auf der Textebene getroffen werden können, wurde für die Texte beider Berufsfelder die Verwendung informierender Bilder ermittelt. Dabei wurden die Bilder nicht annotiert, sondern kapitelweise ausgezählt, und zwar nicht nur für die Kapitel, die zu den getaggten und annotierten Korpora gehören, sondern für die gesamten Lehrbücher. Des Weiteren wurden auf der Textebene Strukturen annotiert, die intertextuell auf andere Abschnitte, Seiten oder Kapitel bzw. auf informierende Bilder verweisen.

8.5   Auswertung der Daten

In die quantitative Auswertung der Daten gingen alle vollständigen Sätze der beiden Korpora ein; Überschriften, unvollständige Sätze, Bild- und Tabellenunterschriften sowie Aufgabenstellungen wurden nicht berücksichtigt.

Die Häufigkeiten der im Programm Exmaralda annotierten Strukturen wurden mithilfe eines perl-Skripts ausgezählt und in eine Datenmatrix exportiert.

---

14 Nach Bernstein gibt es im Deutschen so genannte Pseudopartizipien, „die ihrer Form nach wie Partizipien gebildet sind, ohne jedoch Partizipien zu sein" (Bernstein 1992, S. 5). Bernstein teilt die Pseudopartizipien in zwei Gruppen ein: Zum einen gibt es solche, die sich semantisch von ihrem Ursprungsverb losgelöst haben und keine eindeutige semantische Verbundenheit dazu mehr aufweisen (z. B. *blendend, ausfallend, ausgerechnet, ausgeschlossen* usw.). Dies sind nach Bernstein „Partizipien', die keine Partizipien mehr sind" (ebd., S. 5). Die andere Gruppe der Pseudopartizipien besteht aus solchen, die „nach Partizipmodell gebildet sind, jedoch weder von Verben oder Partizipien abstammen noch mit Partizipien gleichlautend sind (z. B. *abwesend, vorwiegend, überkandidelt, einverstanden, verweint* usw.). Hierbei handelt es sich um ‚Partizipien', die es nie waren" (ebd., S. 6).

Die Mittelwerte der annotierten Strukturen pro Satz und die Standardabweichungen wurden in SPSS berechnet.

Da sich das Forschungsdesign dieser Studie durch die Annotation fachtexttypischer Strukturen auszeichnet, die die gemeinsame Dimension Fachsprachlichkeit anzeigen, stellt ein strukturprüfendes multivariates Vorgehen wie beispielsweise die Berechnung konfirmatorischer Faktorenanalysen für die Auswertung der Daten nicht die angemessene Herangehensweise dar. Es liegen keine Hypothesen über eine mögliche Faktorenstruktur des Datensatzes vor, denn die ausgewählten annotierten Strukturen dienen allesamt als Indikatoren für das Konstrukt Fachsprachlichkeit.

Da des Weiteren keine Normalverteilung der Daten vorliegt, wurden für die Ermittlung von Unterschieden des Fachsprachlichkeitsgrads der beiden Korpora bzw. der Subkorpora hierbei ein verteilungsfreier statistischer Test angewandt (vgl. Bortz 2008, 197 ff.): Die Daten aus zwei unabhängigen Zufallsstichproben wurden mithilfe des Man-Whitney-U-Tests getestet (vgl. ebd., 200 ff.). Aufgrund der großen Stichprobe wurde als Irrtumswahrscheinlichkeit vorab ein Signifikanzniveau von $p < .001$ festgelegt.

Um sicherzugehen, dass die bivariate Statistik das angemessene Verfahren für die Analyse der vorliegenden Daten darstellt, wurden im Anschluss zudem strukturentdeckende multivariate Berechnungen durchgeführt. Auf der Grundlage der Ergebnisse explorativer Faktorenanalysen konnten jedoch keine interpretierbaren Strukturen in den Daten festgestellt werden. Die Einzelauswertung der Variablen mithilfe der bivariaten Verfahren erscheint daher als angemessen.

Auf die Unterschiede in der Ausprägung der Fachsprachlichkeit der Korpora wird nachfolgend in den Kapiteln 9, 10 und 11 eingegangen, indem die Ergebnisse des oben beschriebenen bivariaten Verfahrens dargestellt und interpretiert werden.

9 Fachsprachentypische Wortbildungen in den Korpora *Körperpflege* und *Elektrotechnik*

In diesem Abschnitt werden die Ergebnisse des Fachsprachlichkeitsvergleichs der beiden Korpora im Hinblick auf die in Abschnitt 6.1 erläuterten fachsprachentypischen Wortbildungen untersucht. Bevor die annotierten fachsprachentypischen Wortbildungen im Einzelnen untersucht werden, erfolgt sowohl ein interfachlicher als auch ein intrafachlicher Vergleich der Tokenlängen.

9.1 Vergleich der Tokenlängen

Einen ersten Hinweis darauf, dass sprachliche Unterschiede zwischen den beiden Korpora bestehen, liefert der Vergleich der Anzahl der Zeichen pro Token. Dieser erfolgt zunächst interfachlich; anschließend werden die Tokenlängen intrafachlich auf der Ebene der Subkorpora sowie auf Kapitelebene verglichen.

9.1.1 Interfachlicher Vergleich der Tokenlängen

Der Vergleich der Korpora zeigt, dass die Tokens des Korpus E um etwa ein halbes Zeichen länger als die des Korpus K sind. Tabelle 8 zeigt die Mittelwerte für die Anzahl der Zeichen pro Token.

Tabelle 8:   Länge der Tokens pro Korpus (gemessen an der Anzahl der Zeichen)

Korpus	Mittelwert	Anzahl der Sätze	Standardabweichung
Korpus K	6.49	1555	1.082
Korpus E	6.97	1451	1.978
Insgesamt	6.72	3006	1.164

Die Prüfung der Mittelwertunterschiede mithilfe des Mann-Whitney-U-Tests (MWU) zeigt, dass dieser Unterschied mit p < .001 signifikant ist. Um diese Daten besser interpretieren zu können, wurden zudem die Effektgrößen nach Cohen berechnet[15]. Da nach Cohen d[16] = .2 einen kleinen und d = .5 einen mittleren Effekt

---

15 Die Effektgröße ist ein statistisches Maß, mithilfe dessen die Größe eines Effektes angegeben werden kann. Mit Cohens Formel $d = \frac{|\mu_1 - \mu_2|}{\sigma}$ werden Effektgrößen für Mittelwertunterschiede berechnet, die für die Beurteilung der praktischen Relevanz eines signifikanten Mittelwertunterschieds herangezogen werden können, da sie von der Stichprobengröße unabhängig sind (Cohen 1988). Nach Cohen indiziert d = .2 einen kleinen Effekt, d = .5 einen mittleren und d = .8 einen starken Effekt (Cohen 1992).

indiziert, ist die berechnete Effektstärke von d = .30 als eher gering zu interpretieren.

9.1.2 Intrafachlicher Vergleich der Tokenlängen

Um zu prüfen, ob die Tokenlänge korpus- bzw. fachabhängig ist oder ob sie stärker durch das Subkorpus bzw. das Lehrwerk oder die Redaktion determiniert ist, werden die Mittelwerte der Tokenlängen pro Subkorpus betrachtet. Diese sind in Tabelle 9 ersichtlich.

Tabelle 9: Länge der Tokens pro Subkorpus (gemessen an der Anzahl der Zeichen)

Subkorpus	Mittelwert	Anzahl der Sätze	Standardabweichung
Subkorpus K1	6.44	967	1.057
Subkorpus K2	6.58	588	1.117
Subkorpus E1	7.10	714	1.281
Subkorpus E2	6.84	737	1.096
Insgesamt	6.72	3006	1.164

Die Auswertung der Mittelwerte pro Subkorpus bestätigt, dass der Unterschied in der Tokenlänge in erster Linie fachabhängig ist. Während sich die beiden Subkorpora *K1* und *K2* hinsichtlich ihrer Tokenlänge nicht signifikant voneinander unterscheiden (MWU: p = .024), ist der Unterschied zwischen den Subkorpora *E1* und *E2* signifikant (MWU: p < .001). Jedoch ist die Effektstärke für diesen Mittelwertunterschied mit .22 noch geringer als die Effektstärke für den interfachlichen Vergleich der Tokenlänge.

Ebenso bestätigt die Analyse der Tokenlängen pro Kapitel das Ergebnis, dass die Unterschiede in den Tokenlängen in erster Linie fachabhängig sind: Die Mittelwerte in den Körperpflegebüchern sind mit Werten zwischen 6.34 und 6.63 Zeichen pro Token kleiner als die der Kapitel der Elektrotechnikbücher, die zwischen 6.81 und 7.47 Zeichen pro Token umfassen. Tabelle 10 zeigt die Tokenlänge pro Kapitel.

---

16   d = Effektgröße

Tabelle 10: Länge der Tokens pro Kapitel (gemessen an der Anzahl der Zeichen)

Kapitel	Mittelwert	N	Standardabweichung
Haar- und Kopfhautreinigung	6.39	391	.972
Haarschnitt	6.48	576	1.111
Haareschneiden	6.63	366	1.138
Formverändernde Haarbehandlungen	6.50	222	1.080
Unfall- und Arbeitssicherheit	7.31	133	1.195
Isolierte Leitungen und Kabel	6.97	104	1.059
Verbindungstechnik	6.81	287	1.24
Überlastschutz und Kurzschlussschutz	7.47	190	1.397
Hausinstallation	6.84	737	1.096
Insgesamt	6.72	3006	1.164

Während die Mittelwertunterschiede der einzelnen Kapitel des Faches Körperpflege nicht signifikant sind (H-Test: p = .066), unterscheiden sich die Kapitel der Bücher für das Fach Elektrotechnik innerfachlich signifikant (H-Test: p < .000).

Die Auswertung der Tokenlänge pro Korpus, Subkorpus und Kapitel zeigt, dass trotz lehrwerk- und kapitelabhängiger Unterschiede die Tokens des Korpus *E* signifikant länger sind als die des Korpus *K*. Der Abschnitt 9.2, in dem das Vorkommen fachsprachentypischer Wortbildungen analysiert wird, zeigt mögliche Gründe für die höhere Tokenlänge in den Elektrotechnikbüchern auf.

9.2   Vergleich der Frequenzen fachsprachentypischer Wortbildungen

Für die vorliegende Studie wurden die Wortbildungen annotiert, von denen angenommen wird, dass sie in Fachtexten besonders häufig auftreten (siehe Abschnitt 6.1). Um den Vergleich der beiden Korpora sowie der Subkorpora und der einzelnen Buchkapitel kompakt zu gestalten, werden die Mittelwerte der zehn annotierten fachsprachentypischen Wortbildungen für die nachfolgenden Berechnungen zu dem Konstrukt *fachsprachentypische Wortbildungen*[17] zusammengefasst.

---

17   Zur Berechnung des Konstrukts Wortbildung wurden die Werte für die annotierten Komposita, die Koordinationsellipsen, die Nomenderivate, die Adjektivderivate, die Präfixverben, die nominalisierten Infinitive, die Fremd- und Lehnwörter, die Wortkürzungen, die Neubildungen mit Wortkürzungen und die Partikelverben aufaddiert.

9.2.1 Interfachlicher Vergleich der Frequenz fachsprachentypischer Wortbildungen

Bei Betrachtung der Mittelwerte der fachsprachentypischen Wortbildungen pro Satz wird deutlich, dass die Texte der Elektrotechnikbücher insgesamt etwa drei der annotierten Wortbildungen mehr aufweisen als die Texte der Körperpflegebücher: Die Kreise in dem Fehlerbalkendiagramm, das Abbildung 10 zeigt, geben die Mittelwerte der fachsprachentypischen Wortbildungen für die Texte aus den Körperpflegelehrwerken (mw[18] = 5.35) und aus den Elektrotechnikbüchern (mw = 8.44) pro Satz an. Die Balken über und unter den Kreisen stellen die Standardabweichung dar (sd[19] Körperpflege = 3.14; sd Elektrotechnik = 4.47).

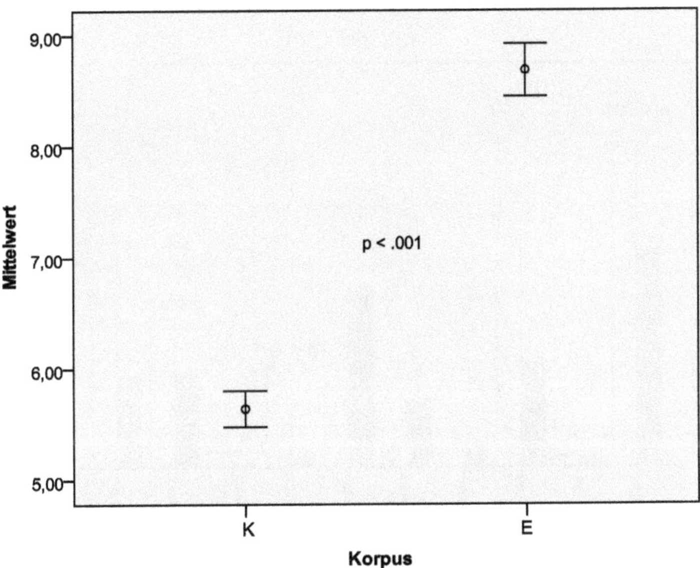

Abbildung 10: Aggregierte fachsprachentypische Wortbildungen pro Satz pro Korpus

Die signifikant höhere Anzahl der fachsprachentypischen Wortbildungen pro Satz im Korpus *E* (MWU: p < .001) impliziert, dass das Korpus der elektrotechnischen Fachtexte im Hinblick auf fachsprachentypische Wortbildungen deutlich fach-

---

18 mw steht für Mittelwert

19 sd steht für Standardabweichung

sprachlicher ist als das Korpus der Texte für angehende Friseure. Der Effekt dieses Mittelwertunterschieds ist mit d = .81 sehr groß.

Da dieser Vergleich nicht zeigt, welche der zehn Wortbildungen dieses Konstrukts die Unterschiede verursachen, werden zudem die Mittelwerte der Wortbildungen im Einzelnen analysiert. Diese Mittelwertanalysen der einzelnen Wortbildungen pro Satz ergeben, dass die meisten annotierten fachsprachentypischen Wortbildungen im Korpus *E* häufiger auftreten als im Korpus *K*. Nur Fremdwörter treten im Korpus *K* häufiger auf als im Korpus *E*. Die Mittelwerte der Wortbildungen pro Satz sowie die entsprechenden Ergebnisse des Tests auf Signifikanz der Mittelwertunterschiede zeigt Abbildung 11.

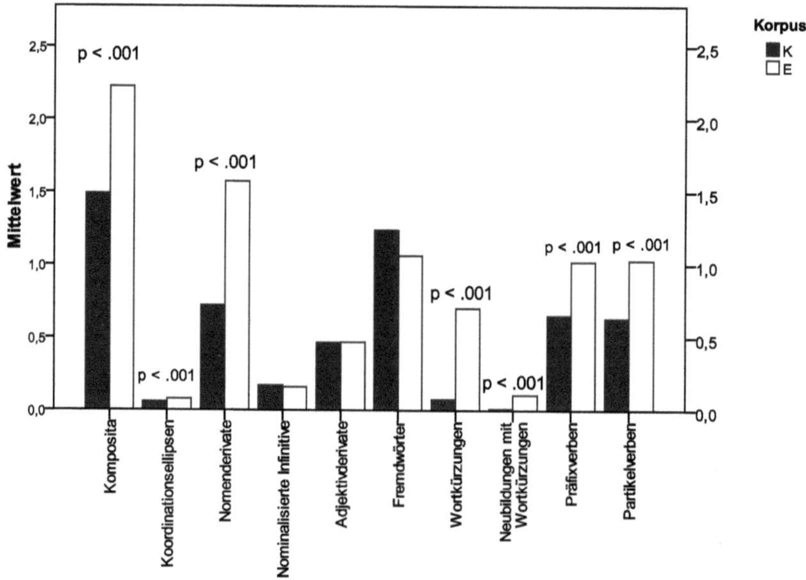

Abbildung 11: Annotierte fachsprachentypische Wortbildungen pro Satz pro Korpus

Abbildung 11 zeigt, dass sich korpusabhängige Mittelwertunterschiede am deutlichsten bzw. statistisch signifikant (MWU: p < .001) bei folgenden Wortbildungen zeigen:

- Komposita (mw *K* = 1.51 vs. mw *E* = 2.22),

- Nomenderivate (mw K = .67 vs. mw E = 1.57),

- Wortkürzungen (mw K = .07 vs. mw E = .7),

- Neubildungen mit Wortkürzungen (mw K = .01 vs. mw E = .10),

- Präfixverben (mw K = .69 vs. mw E = 1.02) und

- Partikelverben (mw K = .60 vs. mw E = 1.03).

Die größten Effekte zeigen dabei die Mittelwertunterschiede der Nomenderivate (d = .83) und der Wortkürzungen (d = .79). Da nach Cohen d = .8 einen starken Effekt indiziert, sind diese Mittelwertunterschiede als die bedeutendsten zu interpretieren. Mittlere Effekte zeigen die Mittelwertunterschiede zwischen der Anzahl der Komposita (d = .53), der Partikelverben (d = .46) und der Präfixverben (d = .38).

Geringe und damit statistisch nicht signifikante Unterschiede der Mittelwerte zeigen die folgenden Wortbildungen:

- Fremdwörter (mw K =1.16 vs. mw E = 1.06),

- nominalisierte Infinitive (mw K = 0.14 vs. mw E = 0.16),

- Adjektivderivate (mw K = .45 vs. mw E = .47) und

- Koordinationsellipsen (mw K = .06 vs. mw E = .08).

Eine Berechnung der Effektgrößen erübrigt sich aufgrund der nicht signifikanten Mittelwertunterschiede.

Der Vergleich der beiden Korpora im Hinblick auf die Anzahl fachsprachentypischer Wortbildungen pro Satz zeigt, dass im Korpus E insgesamt etwa drei fachsprachentypische Wortbildungen mehr pro Satz auftreten als im Korpus K und dass dieser Unterschied signifikant ist. Folglich sind die Elektrotechniktexte auf der Wortebene fachsprachlicher als die Körperpflegetexte. Nur Fremdwörter treten im Korpus K häufiger auf als im Korpus E, dieser Unterschied ist aber statistisch nicht bedeutsam.

Mit Blick auf die Auswertung der Frequenzen fachsprachentypischer Wortbildungen ist besonders bemerkenswert, dass die Mittelwertunterschiede der Nomenderivate und der Wortkürzungen nach Cohen die stärksten Effekte aufweisen. Da diese beiden Wortbildungen als Mittel der sprachlichen Ökonomie gelten, zeigt

sich der Unterschied in der Fachsprachlichkeit der beiden Korpora auf der Wortebene also vor allem im Bereich der Textverdichtung.

Im nachfolgenden Abschnitt 9.2.2 werden die Werte für das Konstrukt *fachsprachentypische Wortbildungen* auch pro Subkorpus erläutert. Dieser intrafachliche
Vergleich der Frequenz fachsprachentypischer Wortbildungen ist erforderlich, da
der interfachliche Vergleich die Frage unbeantwortet lässt, ob die beschriebenen
Unterschiede tatsächlich in dem Fach bzw. Berufsfeld, dem die Texte entstammen,
begründet sind oder ob sie möglicherweise von der Auswahl der einzelnen Fachkundebücher abhängen.

9.2.2   Intrafachlicher Vergleich der Frequenz fachsprachentypischer Wortbildungen

Der intrafachliche Vergleich der Anzahl der fachsprachentypischen Wortbildungen
pro Satz ergibt, dass sich das Subkorpus *K1* mit einem Mittelwert von mw = 5.51
fachsprachentypischer Wortbildungen pro Satz nicht signifikant von dem Subkorpus *K2* mit einem Mittelwert von mw = 5.10 unterscheidet (MWU: p = .029).
Ebenso unterscheidet sich das Subkorpus *E1* mit einem Mittelwert von mw = 8.70
fachsprachentypischer Wortbildungen pro Satz nicht signifikant von dem Subkorpus *E2* mit dem Mittelwert von mw = 8.18 (MWU: p = .059). Diese Ergebnisse
sind in Abbildung 12 dargestellt.

Das Fehlerbalkendiagramm zeigt, dass der Unterschied zwischen den beiden Korpora bzw. den beiden Fächern größer ist als der zwischen den Subkorpora und dass
innerhalb der Subkorpora keine signifikanten Unterschiede in der Anzahl der fachsprachentypischen Wortbildungen pro Satz bestehen. Dies bedeutet, dass der in
Abschnitt 9.2.1 ermittelte Unterschied der Anzahl fachsprachentypischer Wortbildungen pro Satz zwischen den beiden Korpora nur fach-, jedoch nicht
lehrwerkabhängig ist.

Obwohl die intrafachlichen Unterschiede statistisch nicht signifikant sind, ist mit
Blick auf diese Ergebnisse interessant, dass die beiden Lehrwerke mit den höheren
Mittelwerten fachsprachentypischer Wortbildungen pro Satz (Subkorpus *K1* und
Subkorpus *E1*) aus dem gleichen Verlag stammen. Dies weist auf einen vorhande-
nen, wenn auch statistisch nicht signifikanten Einfluss des Verlags bzw. der
Redaktion auf den sprachlichen Stil eines Lehrwerks hin.

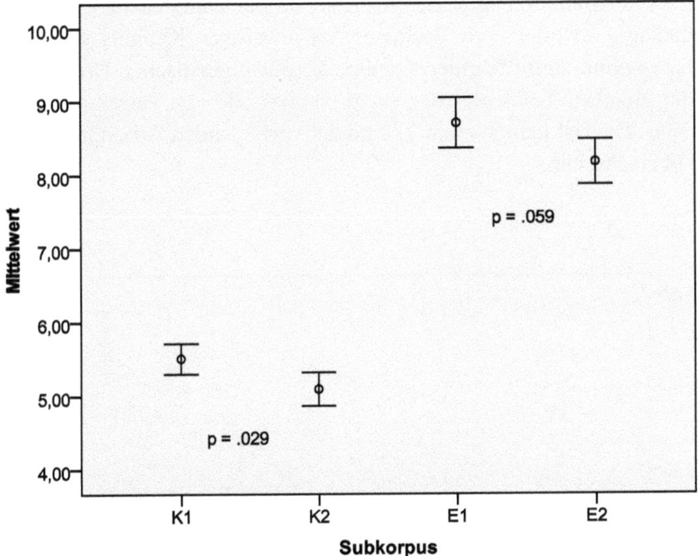

Abbildung 12: Aggregierte fachsprachentypische Wortbildungen pro Satz pro Subkorpus

Ob neben dem Einfluss des Faches auch ein Einfluss der jeweiligen Kapitel bzw. Themen auf die Vorkommenshäufigkeit fachsprachentypischer Wortbildungen vorliegt, wird im folgenden Abschnitt 9.2.3 mithilfe der Mittelwertanalysen für die einzelnen Kapitel geprüft.

9.2.3 Vergleich der Frequenz fachsprachentypischer Wortbildungen pro Kapitel

Die Mittelwerte fachsprachentypischer Wortbildungen pro Satz in den einzelnen Kapiteln zeigt Abbildung 13: In dem linken Bereich der Grafik sind die Mittelwerte und die Standardabweichungen der vier Kapitel aus den Lehrbüchern für das Berufsfeld Körperpflege dargestellt; im rechten Bereich sind die Werte der fünf Kapitel aus den Fachkundebüchern für Elektrotechnik abgebildet.

Sowohl die Kapitel der Bücher zur Körperpflege als auch die Kapitel der Fachkundebücher für das Berufsfeld Elektrotechnik unterscheiden sich hinsichtlich ihrer fachsprachentypischen Wortbildungen pro Satz jeweils statistisch signifikant (H-Test: p < .001).

Offen bleibt bei Betrachtung der Ergebnisse, ob der kapitelabhängige Unterschied themenabhängig ist oder vom Verfasser des jeweiligen Kapitels verursacht wird. Diese Frage könnte mithilfe einer weiteren korpuslinguistischen Untersuchung von Texten der gleichen Textsorte untersucht werden, die von verschiedenen Autoren verfasst sind. Dies ist jedoch nicht Thema der vorliegenden Arbeit und würde deren Rahmen überschreiten.

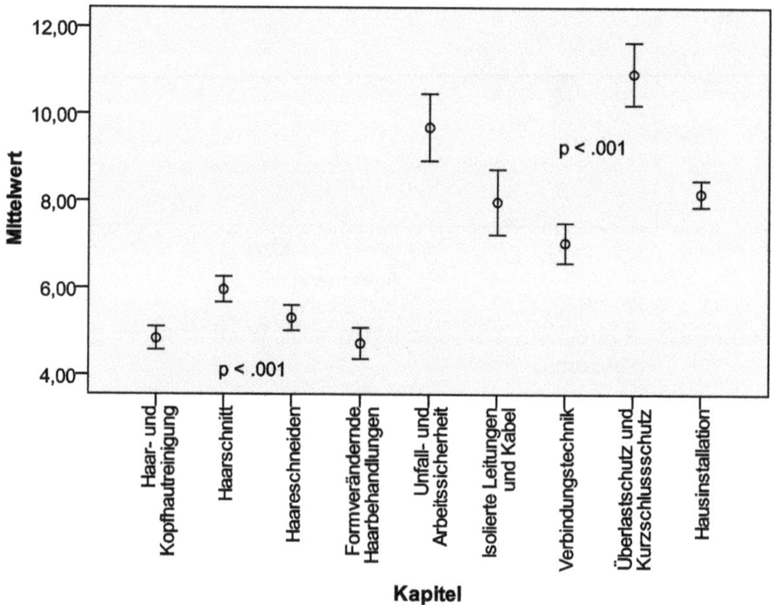

Abbildung 13: Aggregierte fachsprachentypische Wortbildungen pro Satz pro Kapitel

9.3   Diskussion der Ergebnisse des Vergleichs der fachsprachentypischen Wortbildungen

Zusammenfassend lässt sich im Hinblick auf die fachsprachentypischen Wortbildungen festhalten, dass die Fachsprachlichkeit von Lehrbuchtexten vom Fach abhängt. Dabei sind diejenigen Wortbildungen, die – gemessen am Signifikanzniveau der Mittelwertunter-schiede sowie an den Effektgrößen nach Cohen – die größten Unterschiede zwischen den beiden Korpora verursachen, die Wortbildungen mit textkomprimierender Funktion. Es kann also konstatiert werden, dass sich die beiden Korpora auf der Wortebene vor allem hinsichtlich des Grades ihrer Textkompression unterscheiden und dass die Texte des Korpus *E* sprachökonomischer sind als die Texte des Korpus *K*.

Aufschlussreich sind diese Ergebnisse auch hinsichtlich der Annahme, dass Präzision die wichtigste Funktion von Fachsprache sei:

„Die wichtigste Rechtfertigung für die Existenz der Fachsprachen und ihrer Weiterentwicklung liegt darin, daß Techniker und Wissenschaftler sich auch im sprachlichen Bereich um Präzision bemühen müssen. Neue gedankliche Inhalte und neue Gegenstände verlangen nach Benennungen, die noch nicht ‚vergeben' sind, d.h. Benennungen, die nicht mit anderen verwechselt werden können. Der Gefahr der Verwechslung könnte die Gemeinsprache, wenn überhaupt, nur durch übermäßig lange Umschreibungen entgehen." (Arntz, Picht 1989, 23 f.)

Die vorliegenden Daten widersprechen dieser Annahme, denn die mit Abstand häufigsten Wortbildungen in Fachtexten stellen in beiden Korpora die Komposita dar. Komposita sind jedoch im Deutschen semantisch unterspezifiziert und damit nicht maximal präzise, haben aber eine komprimierende Funktion (siehe Abschnitt 6.1). Das Ergebnis, dass die Komposition die am häufigsten vorkommende Wortbildung in den hier untersuchten Fachtexten ist, kann somit als Hinweis darauf interpretiert werden, dass Sprachökonomie bzw. Textkompression eine wichtigere fachsprachliche Funktion darstellt als Präzision.

10 Fachsprachentypische syntaktische Strukturen in den Korpora *Körperpflege* und *Elektrotechnik*

Wie in Abschnitt 6.2 erläutert, unterscheiden sich Fachtexte durch die Frequenz und Verwendungsweise syntaktischer Mittel von der Sprachverwendung in anderen Registern. In diesem Kapitel werden die Ergebnisse des Frequenzvergleichs der annotierten syntaktischen Strukturen dargestellt, die für Fachsprachen typisch sind. Zunächst werden in Abschnitt 10.1 die Satzlängen ausgewertet. In Abschnitt 10.2 werden die beiden Korpora hinsichtlich der Anzahl ihrer Nebensätze analysiert und anschließend werden in den Abschnitten 10.3 bis 10.5 die Häufigkeiten der annotierten Strukturen untersucht, wobei diese den Funktionen syntaktische Kompression, Präzision und Explizitheit sowie Anonymität zugeordnet werden.

10.1 Satzlänge

In verschiedenen Studien wurde gezeigt, dass sich Register hinsichtlich ihrer Satzlängen unterscheiden können (siehe Abschnitt 6.2). Die Ergebnisse der vorliegenden Studie bestätigen diese Feststellung.

10.1.1 Interfachlicher Vergleich der Satzlängen

Die Satzlängen wurden anhand der Anzahl der Tokens pro Satz ermittelt. Wie das Fehlerbalkendiagramm in Abbildung 14 zeigt, unterscheiden sich die Satzlängen der beiden Korpora K und E signifikant voneinander. Wie Abbildung 14 zeigt, ergibt die Analyse der Satzlängen für das Korpus K einen Mittelwert von mw = 14.52 und für das Korpus E einen Mittelwert von mw = 16.23 Tokens pro Satz. Dieser Unterschied ist statistisch signifikant (MWU: p < .001), die Stärke des Effekts ist mit d = .26 als gering einzuordnen.

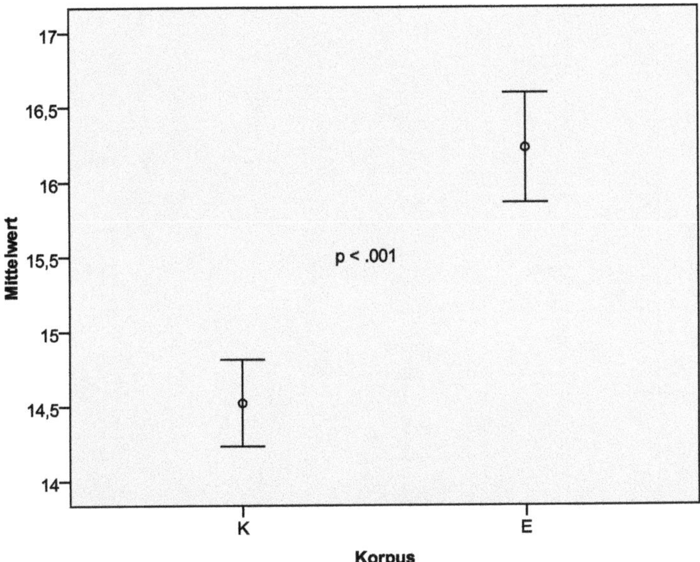

Abbildung 14:   Anzahl der Tokens pro Satz pro Korpus

Diese Ergebnisse zeigen, dass das Berufsfeld bzw. das Fach, für das Lehrbuchtexte verfasst werden, signifikanten Einfluss auf die Satzlängen nimmt. Um zu prüfen, ob dieser Unterschied tatsächlich im Korpus bzw. im Fach begründet ist, werden in Abschnitt 10.1.2 auch die Satzlängen der Subkorpora analysiert.

10.1.2   Intrafachlicher Vergleich der Satzlängen

Innerhalb der beiden Korpora unterscheiden sich auch die Subkorpora bzw. die verschiedenen Lehrwerke hinsichtlich der Satzlänge jeweils statistisch signifikant voneinander (MWU: p < .001). Die Effekte dieser Unterschiede sind dabei klein (d K = .22; d E = .25).

Wie Abbildung 15 zeigt, weisen die Subkorpora *K1* und *E1* jeweils die höheren Mittelwerte auf.

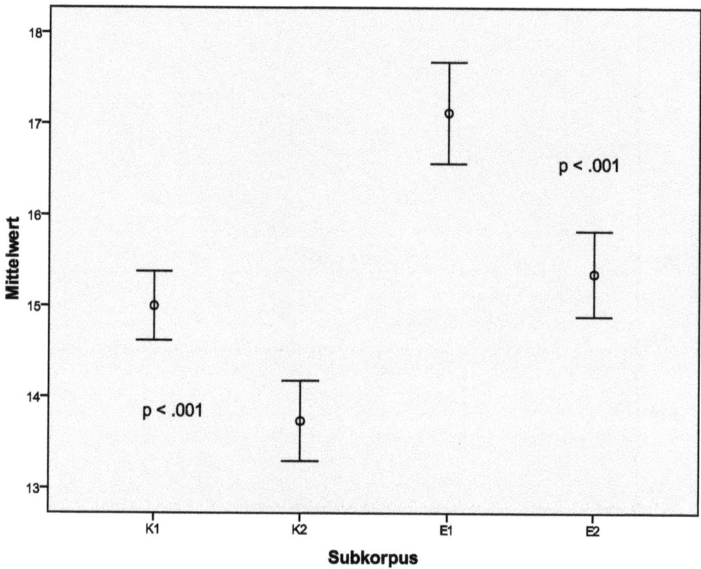

Abbildung 15:   Anzahl der Tokens pro Satz pro Subkorpus

Die Daten zeigen, dass nicht nur das Fach, sondern auch das Lehrwerk die Satzlänge beeinflusst und dass neben dem Fach bzw. Berufsfeld, für das ein Fachkundebuch verfasst ist, auch der Verlag bzw. die redaktionelle Bearbeitung oder der Verfasser der Texte Einfluss auf die Satzlänge nimmt. Die Effekte für diese Einflüsse sind dabei jedoch klein, ebenso wie der Effekt für den fachabhängigen Unterschied der Satzlänge.

Um die Ursachen für die Unterschiede in den Satzlängen erklären zu können, werden in den Abschnitten 10.2, 10.3, 10.4 und 10.5 weitere syntaktische Phänomene untersucht. Zunächst wird die Anzahl der Nebensätze ausgewertet, da hier der Unterschied in den Satzlängen begründet sein könnte.

10.2   Anzahl der Nebensätze

In diesem Abschnitt wird überprüft, ob eine höhere Anzahl von Nebensätzen die Ursache dafür sein kann, dass die Sätze in den Texten des Korpus *E* länger sind als in denen des Korpus *K*.

Buhlmann und Fearns gehen davon aus, dass in fachsprachlichen Texten der Hauptsatz überwiegt und geben für Lehrbuchtexte des Bereichs Maschinenbau ein

Verhältnis von 5:1 bis 4:1 für Haupt- und Nebensätze an. Weiterhin gehen sie davon aus, dass das Verhältnis von Haupt- zu Nebensätzen „von Fachbereich zu Fachbereich" variiert (Buhlmann, Fearns 2000, 49).

10.2.1   Interfachlicher Vergleich der Anzahl von Nebensätzen

Im Gegensatz zu der oben erwähnten Annahme von Buhlmann und Fearns zeigt der interfachliche Vergleich der Anzahl der Nebensätze pro Hauptsatz, dass die Anzahl der Nebensätze zwischen den Korpora *E* und *K* nicht variiert, sondern sich ähnelt (Tabelle 11). Der Unterschied in den Verteilungen ist entsprechend nicht signifikant (MWU: p = .466).

Tabelle 11: Nebensätze pro Satz pro Korpus

Korpus	Mittelwert	N (Sätze)	Standardabweichung
Korpus *K*	.20	1555	.414
Korpus *E*	.21	1451	.423
Insgesamt	.20	3006	.418

Dass sich die durchschnittliche Anzahl der Nebensätze korpusabhängig nicht unterscheidet, muss bedeuten, dass die größere Satzlänge der Elektrotechniktexte *nicht* in einer höheren Anzahl von Nebensätzen begründet ist. Die Ursache für den Unterschied der Satzlängen muss somit eine andere sein.

Ein möglicher Grund für die größeren Satzlängen in den Texten der Elektrotechnikbücher kann eine weniger ökonomische bzw. komprimierte Ausdrucksweise dieser Texte sein, denn eine geringere syntaktische Kompression geht mit einer höheren Anzahl von Tokens pro Satz einher. Bevor die syntaktische Kompression beider Korpora im Detail analysiert wird, wird jedoch zunächst der intrafachliche Vergleich der Satzlängen dargestellt.

10.2.2   Intrafachlicher Vergleich der Anzahl von Nebensätzen

Zwischen den beiden Büchern zur Körperpflege sind die Unterschiede in der Anzahl der Nebensätze größer als zwischen den beiden Büchern zur Elektrotechnik: Im Subkorpus *K1* tritt in etwa jedem fünften Satz ein Nebensatz auf, während im Subkorpus *K2* in nur etwa jedem achten Hauptsatz ein Nebensatz auftritt. Dieser Unterschied ist aber statistisch nicht signifikant (MWU: p = .020). Auch der Unterschied zwischen den Mittelwerten der beiden Subkorpora des Faches Elektrotechnik ist statistisch nicht signifikant (MWU: p = .187): Hier herrscht in beiden Elektrotechnikbüchern ein Verhältnis von etwa einem Nebensatz zu fünf Hauptsätzen. Die Mittelwerte der Nebensätze pro Subkorpus zeigt Tabelle 12:

Tabelle 12: Nebensätze pro Satz pro Subkorpus

Subkorpus bzw. Buch	Mittelwert	N (Sätze)	Standardabweichung
Subkorpus *K1*	.22	967	.439
Subkorpus *K2*	.16	588	.367
Subkorpus *E1*	.22	714	.442
Subkorpus *E2*	.19	737	.403
Insgesamt	.20	3006	.418

Auch die intrafachlichen Analysen der Nebensatzfrequenzen entsprechen den Aussagen von Buhlmann und Fearns, die von einem Verhältnis von einem Nebensatz zu vier bis fünf Hauptsätzen in Fachtexten ausgehen (vgl. Buhlmann, Fearns 2000, 49 und siehe Abschnitt 10.2). Jedoch variiert in den untersuchten Texten die Anzahl der Nebensätze entgegen der Annahme von Buhlmannn und Fearns fachabhängig nicht signifikant.

Da ein anderer möglicher Grund für die größeren Satzlängen der Elektrotechniktexte ein geringerer Komprimierungsgrad dieser Sätze, also eine längere Darstellungsweise, sein könnte, werden im folgenden Abschnitt 10.3 die sprachlichen Mittel untersucht, die die Verkürzung von Sätzen bewirken.

10.3   Syntaktische Kompression

Die Darstellung spezifischer Sachverhalte in komprimierter Form gilt neben Präzision und Anonymität als eine der wichtigsten Funktionen von Fachsprache (siehe Abschnitt 5.3). Ein Grund dafür, dass die Sätze des Korpus *E* länger sind als die des Korpus *K,* könnte also sein, dass die Sätze der elektrotechnischen Texte weniger ökonomisch, d.h. weniger komprimiert sind als die Sätze des Körperpflegekorpus. Diese Annahme ist allerdings nicht plausibel: Denn die korpusabhängigen Unterschiede der Anzahl fachsprachentypischer Wortbildungen weisen bereits darauf hin, dass Sachverhalte in den untersuchten Elektrotechniktexten sprachökonomischer bzw. verdichteter dargestellt sind als in den Körperpflegetexten (siehe Abschnitt 9.2). Es ist daher nicht anzunehmen, dass die Elektrotechniktexte syntaktisch weniger komprimiert sind als die des Korpus *K*. In den folgenden Abschnitten 10.3.1 und 10.3.2 wird daher der syntaktische Verdichtungsgrad beider Korpora verglichen.

Als textkomprimierende Strukturen auf der Satzebene werden in dieser Arbeit nebensatzeinsparende Partizipien im attributiven Gebrauch und nebensatzeinsparende präpositionale Wortgruppen untersucht.

10.3.1   Interfachlicher Vergleich des syntaktischen Kompressionsgrades

Abbildung 16 zeigt, dass sich die Anzahl nebensatzeinsparender Partizipien in den Korpora Korpus K und E ähnelt (mw K = .29; mw E = .25). Folglich ist dieser Unterschied statistisch nicht bedeutsam (MWU: p = .020). Im Gegensatz hierzu ist der Unterschied in der Anzahl der nebensatzeinsparenden präpositionalen Wortgruppen signifikant, allerdings mit sehr kleinem Effekt (mw K = .15 vs. mw E = .21; MWU: p < .001; d = .14).

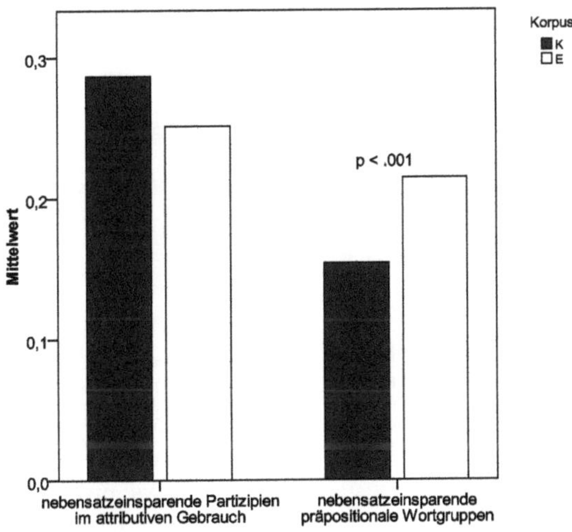

Abbildung 16:   Nebensatzeinsparende attributive Partizipien und nebensatzeinsparende präpositionale Wortgruppen pro Satz pro Korpus

Diese Ergebnisse liefern erste Hinweise darauf, dass die syntaktische Kompression im Korpus E stärker ausgeprägt ist als im Korpus K. Obwohl diese Annahme gerade auch aufgrund des kleinen Effekts näher untersucht werden muss, zeigt die Auswertung der nebensatzeinsparenden Strukturen bereits, dass die Ursache für die längeren Sätze des Korpus E nicht in einem geringeren syntaktischen Kompressionsgrad der Elektrotechniktexte begründet sein kann.

Um weitere Hinweise auf korpusbedingte Unterschiede des syntaktischen Kompressionsgrades zu erhalten, wird über den Frequenzvergleich der Partizipien und der präpositionalen Wortgruppen hinaus das Vorkommen der Komposita noch einmal ausführlicher ausgewertet. Zwar handelt es sich bei Komposita um Wortbildungen, jedoch wirken sie syntaktisch verdichtend, da sie in einem Wort „komplexe Inhalte, die sonst in Sätzen oder Wortgruppen ausgedrückt werden müssten" komprimieren (Steinhauer 2000, 75); Komposita bewirken also auf der Satzebene Kürze (vgl. z. B. Reinhardt et al. 1992, 145; Fluck 1997, 83).

Wird hierbei davon ausgegangen, dass ein Kompositum umso komprimierender wirkt, aus je mehr Morphemen es gebildet ist, gibt auch eine Differenzierung der Auswertung nach Morphemzahl Aufschluss über das Ausmaß der Textkompression. Daher werden hier die Mittelwerte der zwei-, drei- und viergliedrigen Komposita analysiert.

Im Rahmen der Analysen der fachsprachentypischen Wortbildungen (siehe Abschnitt 9.2) ist bereits gezeigt worden, dass im Korpus *E* mehr Komposita auftreten als im Korpus *K*. Die nach Morphemzahl differenzierte Auswertung der zwei- (siehe Beispiel 75), drei- (siehe Beispiel 76) und viergliedrigen (siehe Beispiel 77) Komposita pro Satz je Korpus zeigt Abbildung 17.

(75)   Hausinstallation (*E*)

(76)   Hauptpotenzialausgleich (*E*)

(77)   Messerhaarschnitttechnik (K)

Die Frequenzen aller Komposita sind im Korpus E höher als im Korpus K. Diese Unterschiede sind jeweils signifikant (MWU: p < .001), wobei der Mittelwertunterschied der dreigliedrigen Komposita (mw K = .13 vs. mw E = .39) den stärksten Effekt aufweist (d = .50). Schwächere Effekte bestehen für den Mittelwertunterschied der zweigliedrigen Komposita (mw K = 1.38 vs. mw E = 1.79; d = .33) und der viergliedrigen Komposita (mw K = .01 vs. mw E = .04; d = .24).

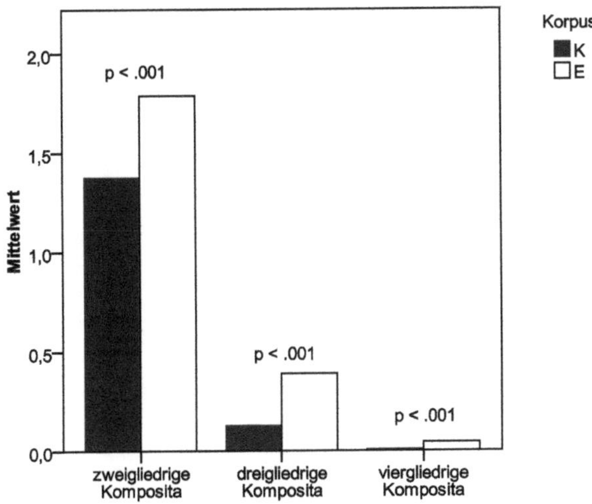

Abbildung 17:   Komposita pro Satz pro Korpus

Dass die Elektrotechniktexte signifikant mehr Komposita und hier ebenfalls signifikant mehr zwei-, drei- und viergliedrige Komposita enthalten als die Körperpflegetexte, ist eine weitere Bestätigung des höheren Grades der syntaktischen Komprimierung in Korpus *E*. Die Ursache dafür, dass die Sätze des Korpus *E* länger sind als die des Korpus *K*, kann also keinesfalls eine geringere syntaktische Kompression der Sätze dieses Korpus sein. Im Gegenteil: Die vorliegenden Analysen zeigen, dass die Sätze der Bücher zur Elektrotechnik länger *und* komprimierter sind als die in den Büchern zur Körperpflege.

Um differenziertere Aussagen zum Kompressionsgrad der Texte zu erhalten, werden im Abschnitt 10.3.2 auch die Subkorpora hinsichtlich der Frequenzen nebensatzeinsparender Strukturen untersucht.

10.3.2   Intrafachlicher Vergleich des syntaktischen Kompressionsgrades

Die Analyse der Subkorpora ergibt, dass sich *K1* und *K2* bezüglich der Anzahl der syntaktisch komprimierenden Strukturen statistisch nicht signifikant voneinander unterscheiden. Für keine der untersuchten komprimierenden Strukturen besteht ein signifikanter Mittelwertunterschied (MWU für die nebensatzeinsparenden Partizipien: $p = .772$; MWU für die nebensatzeinsparenden präpositionalen Wortgruppen: $p = .013$; MWU für die zweigliedrigen Komposita: $p = .096$; MWU für die dreigliedrigen Komposita: p = .264; MWU für die viergliedrigen Komposita: p = .147).

Im Gegensatz hierzu unterscheiden sich *E1* und *E2* in Bezug auf die nebensatzeinsparenden präpositionalen Wortgruppen (MWU: p < .001) und die zweigliedrigen Komposita (MWU: p < .001) signifikant voneinander. Die Unterschiede zwischen der Frequenz nebensatzeinsparender Partizipien (MWU: p = .020) sowie der Anzahl der drei- und viergliedrigen Komposita (MWU: p = .055; MWU: p = .695) sind nicht signifikant.

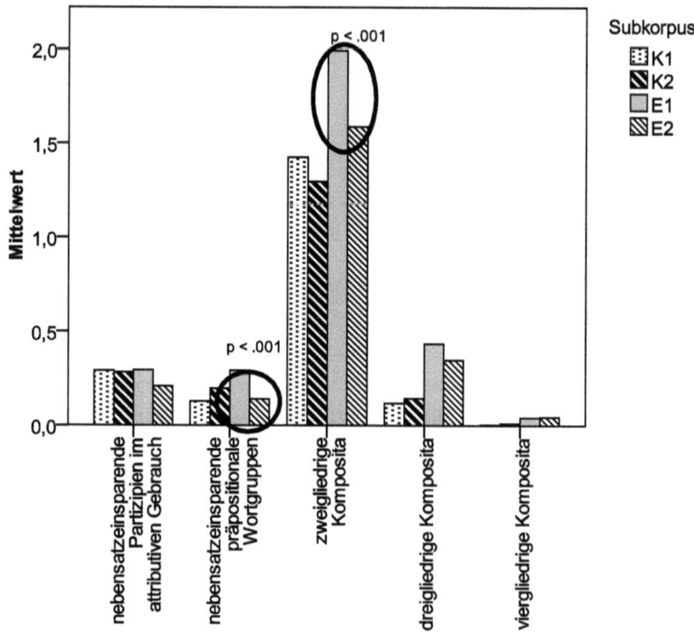

Abbildung 18: Nebensatzeinsparende Strukturen pro Satz pro Subkorpus

Die Daten zeigen, dass zwischen *K1* und *K2* keine signifikanten Unterschiede in der Anzahl komprimierender Strukturen bestehen, dass aber Subkorpus *E1* einen höheren Grad syntaktischer Verdichtung aufweist als Subkorpus *E2*. *E1* stellt mit der signifikant höchsten Frequenz komprimierender Strukturen das sprachlich ökonomischste der vier Lehrwerke dar.

10.4   Explizitheit und Präzision

Dass die Texte des Korpus *E* komprimierter sind als die des Korpus *K* führt zu der Annahme, dass ein höherer Explizitheits- und Präzisionsgrad die Ursache für die größere Satzlänge der Elektrotechniktexte ist. Um diese Annahme zu überprüfen, werden die beiden Korpora in diesem Abschnitt hinsichtlich ihres Explizitheits- und Präzisionsgrades verglichen.

Als Indikator für Explizitheit gelten vor allem Attribute (siehe Abschnitt 5.3.1). Im Rahmen der vorliegenden Arbeit wird daher die Anzahl von Genitivattributen und Relativsätzen analysiert. Zudem wird die Anzahl der Nomen pro Satz untersucht, da Attribute häufig aus Substantiven bestehen (vgl. Hoffmann 1987, 137). Folgerichtig weist eine hohe Frequenz von Nomen auf eine hohe Anzahl von Attributen und damit auf eine hohe semantische Dichte bzw. auf einen hohen Präzisionsgrad hin.

10.4.1   Interfachlicher Vergleich des Explizitheits- und Präzisionsgrades

Die vorliegenden Daten weisen darauf hin, dass die Texte des Korpus *K* weniger explizit formuliert sind als die Elektrotechniktexte. Diese Annahme wird durch die Auswertung der Frequenzen der Genitivattribute unterstützt, die sich interfachlich deutlich unterscheiden: In etwa nur jedem vierten Satz des Korpus *K*, aber in etwa jedem dritten Satz des Korpus *E* kommt ein Genitivattribut vor (MWU: p < .001); d = .19).

Hinsichtlich der Frequenzen der Relativsätze pro Satz unterscheiden sich die beiden Korpora hingegen kaum voneinander (MWU: p= .564). Relativsätze treten in den beiden Korpora in sechs bzw. sieben von hundert Sätzen auf.

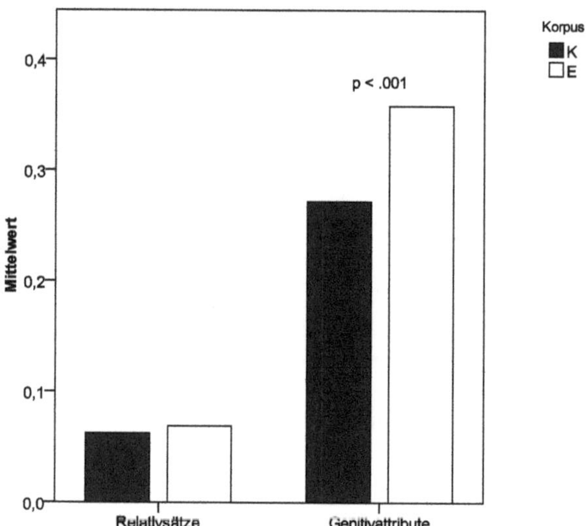

Abbildung 19:   Pronomen, Relativsätze und Genitivattribute pro Satz pro Korpus

Neben der Auswertung der Frequenzen von Genitivattributen und Relativsätzen gibt die Auswertung der Anzahl der Nomen pro Satz Hinweise auf den Präzisionsgrad der Texte: Während etwas mehr als vier Nomen pro Satz im Korpus *E* auftreten (mw = 4.17), kommen in den Sätzen des Korpus *K* nur knapp dreieinhalb Nomen (mw = 3.42) pro Satz vor (MWU: p < .001). Der Effekt von d = .39 indiziert eine mittlere Stärke dieses Mittelwertunterschiedes.

Abgesehen von der Anzahl der Relativsätze, die sich zwischen den beiden Korpora nicht unterscheidet, deuten die oben erläuterten Ergebnisse darauf hin, dass die Sätze des Korpus *E* expliziter und präziser sind als die des Korpus *K*. Daher ist anzunehmen, dass ein höherer Explizitheits- und Präzisionsgrad der Elektrotechniktexte die Ursache dafür ist, dass die Sätze des Korpus *E* länger sind als die des Korpus *K*.

10.4.2   Intrafachlicher Vergleich des Explizitheits- und Präzisionsgrades

Der intrafachliche Vergleich zeigt, dass Subkorpus *K1* präziser ist als Subkorpus *K2*. So treten in *K1* signifikant mehr Relativsätze (*K1*: mw = .08; *K2*: mw = .03; MWU: p < .001; d = .19) und signifikant mehr Genitivattribute (*K1*: mw = .32; *K2*: mw = .19; MWU: p < .001; d = .25) auf als in *K2*. Außerdem enthalten die Sätze des Subkorpus *K1* signifikant mehr Nomen (*K1*: mw = 3.62; *K2*: mw = 3.09; MWU: p < .001, d = .31).

Auch der intrafachliche Vergleich der Subkorpora des Faches Elektrotechnik weist darauf hin, dass das Subkorpus *E1* präziser ist als das Subkorpus *E2*. Zwar sind die Ergebnisse nicht so eindeutig wie die des Vergleichs der Subkorpora *K1* und *K2*, da sich die Werte für die Genitivattribute nicht signifikant voneinander unterscheiden. Jedoch sind die Frequenzen der Relativsätze in *E1* höher (*E1*: mw = .10; *E2*: mw = .04; MWU: p < .001; d = .22), und es treten auch im Subkorpus *E1* mehr Nomen pro Satz auf (*E1*: mw = 4.50; *E2*: mw = 3.85; MWU: p < .001; d= .31).

Die Mittelwerte der Genitive und der Relativsätze pro Satz pro Subkorpus sind in Abbildung 20 dargestellt:

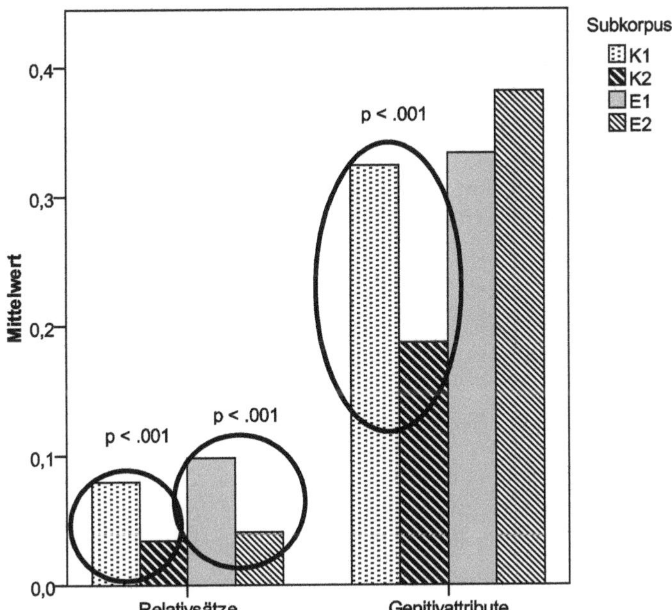

Abbildung 20:   Pronomen, Relativsätze und Genitivattribute pro Satz pro Subkorpus

Die Daten zeigen, dass die Frequenzen der sprachlichen Phänomene, die Explizitheit und Präzision indizieren, auch in Abhängigkeit der Subkorpora variieren. Dies bedeutet, dass der Explizitheits- und Präzisisonsgrad nicht nur fach-, sondern darüber hinaus auch lehrwerkabhängig ist, wobei die Ursachen für eine lehrwerkbedingte Variation ein verschiedener Sprachgebrauch der unterschiedlichen Autoren sein oder aus der redaktionellen Bearbeitung der Fachkundebücher resultieren könnte.

10.5   Anonymität

Um den Wahrheitsgrad, die Objektivität und die Allgemeingültigkeit fachbezogener Aussagen zu verstärken, wird in Fachtexten häufig ein anonymer Sprachstil verwendet (siehe Abschnitt 5.3.3). In diesem Abschnitt wird anhand der Auswertung der Vorkommenshäufigkeiten des Passivs überprüft, ob sich die beiden Korpora im Hinblick auf ihren Grad an Anonymität unterscheiden. Da die Verwendung von Personalpronomen mit direkter Referenz auf die Autoren oder die Leser (siehe Beispiel 78 und Beispiel 79) einen Gegensatz zur anonymen Ausdrucksweise darstellen, werden für den Vergleich des Anonymitätsgrades der beiden Korpora ebenfalls die Frequenzen solcher Pronomen ausgewertet.

(78)   Mit der nachfolgenden Tabelle zeigen **wir** diese Merkmale
mit den Kurzzeichen aus der Abb.1. (*E*)

(79)   Kämmen **Sie** die Haare in Fallrichtung und kürzen **Sie** die
Haare wie in Punkt 4 beschrieben parallel zur
Führungslinie. (*K*)

Dieser Auswertung liegt die Annahme zugrunde, dass eine hohe Anzahl von Personalpronomen mit Referenz auf den Autor oder die Leser einem niedrigen Anonymitätsgrad entspricht und dass eine geringe Anzahl dieser Personalpronomen einem hohen Anonymitätsgrad entspricht.

10.5.1   Interfachlicher Vergleich des Anonymitätsgrades

Abbildung 21 zeigt, dass in den Texten des Korpus *K* in etwa jedem dritten Satz das Passiv gebraucht wird (mw = .36); im Korpus *E* tritt es in etwa jedem zweiten Satz auf (mw = .47). Pronomen mit Referenz auf den Autor oder den Leser werden im Korpus *K* in jedem zwanzigsten (mw = .05) und im Korpus *E* in jedem hundertsten Satz verwendet (mw = .01). Der Test auf Verteilung zeigt für die Frequenzen des Passivs und der Personalpronomen einen jeweils signifikanten Effekt (MWU: jeweils p < .001). Die Effektgrößen für diese Mittelwertunterschiede sind mit d = .21 und d = .22 klein.

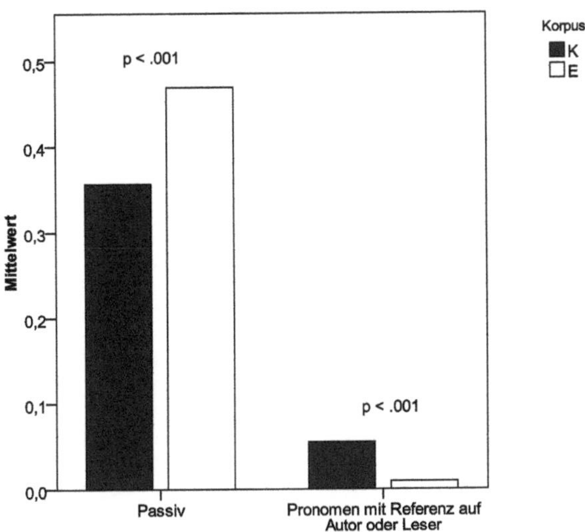

Abbildung 21: Passivstrukturen und Pronomen mit Referenz auf Autor oder Leser pro Satz pro Korpus

Die Daten zeigen deutlich, dass die Texte des Korpus *E* in einem anonymeren Sprachstil verfasst sind als die Texte des Korpus *K*. Inwieweit eine anonyme Ausdrucksweise nicht nur vom Fach, sondern auch vom Buch abhängt, zeigt der folgende Abschnitt 10.5.2.

10.5.2   Intrafachlicher Vergleich des Anonymitätsgrades

Nicht nur interfachlich unterscheidet sich der Anonymitätsgrad der Texte, sondern auch intrafachlich: Zwar ist der Unterschied zwischen den Frequenzen der Passivverwendungen in *K1* und *K2* statistisch nicht signifikant (mw *K1* = .33 vs. mw *K2* = .39; MWU: p = .017). Jedoch treten in *K2* signifikant weniger Pronomen mit Bezug auf Autor oder Leser auf als in *K1* (mw *K1* = .07 vs. mw *K2* = .03; p < .001; d = .19). Somit sind die Texte des Subkorpus *K2* durch einen anonymeren Sprachstil gekennzeichnet als die des Subkorpus *K1*.

Auch die Auswertung der Elektrotechnikbücher ergibt Unterschiede zwischen den beiden Subkorpora, denn *E2* enthält signifikant mehr Passivstrukturen als *E1* (mw *E1* = .41; mw *E2* = .53; MWU: p < .001; d = .22). Dieses Ergebnis zeigt an, dass in *E2* ein anonymerer Stil vorherrscht.

Pronomen, die auf den Autor oder den Leser referieren, kommen in den beiden Elektrotechnikbüchern hingegen äußerst selten vor, sodass der Unterschied auch nicht signifikant ist (mw *E1* = .00; mw *E2* = .02; MWU: p = .004).

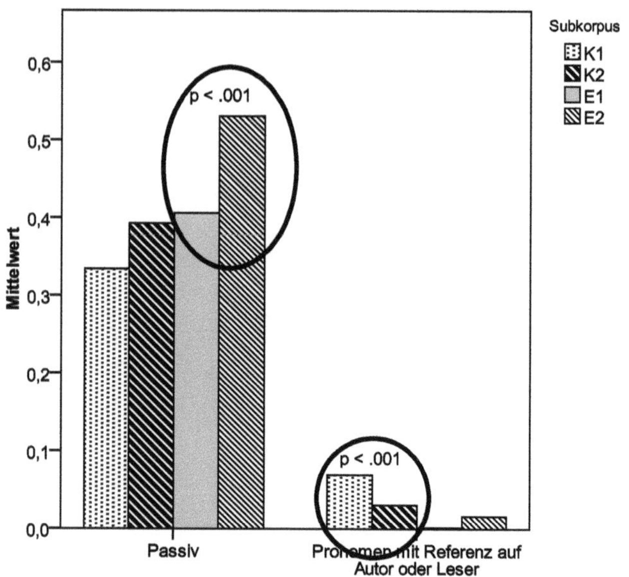

Abbildung 22:   Passivstrukturen und Pronomen mit Referenz auf Autor oder Leser pro Satz pro Subkorpus

Die Interpretation dieser Daten lässt darauf schließen, dass sich neben dem fachbedingten Unterschied im Anonymitätsgrad der Texte auch die Subkorpora unterscheiden und dass vermutlich die Autoren eines Fachkundebuchs und/oder die Redaktionen Einfluss auf Abstraktions- und Anonymitätsgrad ausüben. Zudem zeigt der intrafachliche Vergleich, dass *K2* einen anonymeren Sprachstil aufweist als *K1* und dass *E2* anonymer ist als *E1*. Da mit Blick auf die fachsprachlichen Funktionen Ökonomie bzw. Textkompression *E1* das Subkorpus mit dem höheren Fachsprachlichkeitsgrad ist, lassen die Ergebnisse auch erkennen, dass die Funktion Anonymität von den anderen fachsprachlichen Funktionen unabhängig ist.

10.6 Diskussion der Ergebnisse des Vergleichs fachsprachentypischer syntaktischer Strukturen

Der Vergleich der beiden Korpora auf der Satzebene zeigt, dass Korpus *E* nicht nur hinsichtlich der Wortbildungen fachsprachlicher ist als Korpus *K*, sondern auch in Bezug auf syntaktische Eigenschaften: Die Texte, die den Büchern für das Berufsfeld Elektrotechnik entnommen sind, sind durch längere Sätze sowie einen höheren Grad an Kompression, Präzision und Anonymität gekennzeichnet als die Texte aus den Körperpflegelehrbüchern. Wie für die morphologische Ebene bestätigt sich damit auch für die syntaktische Ebene die Annahme, dass sich Lehrbuchtexte verschiedener Berufsfelder in ihrem Fachsprachlichkeitsgrad voneinander unterscheiden. Dabei sind allerdings die Effekte der signifikanten Mittelwertunterschiede auf der syntaktischen Ebene kleiner als die für die fachsprachentypischen Wortbildungen.

Interessant sind darüber hinaus nicht nur die Unterschiede des Fachsprachlichkeitsgrades der beiden Korpora, sondern auch die Unterschiede zwischen den jeweiligen Subkorpora. So sind die Sätze in *K*1 und *E*1 länger als in *K*2 und *E*2 und gleichzeitig weisen *K*1 und *E*1 auch einen höheren Präzisionsgrad auf. Des Weiteren ist *E*1 durch einen komprimierteren Stil gekennzeichnet als *E*2. Eine mögliche Erklärung für diese Ergebnisse ist, dass die beiden Bücher, aus denen die Texte der Subkorpora *K*1 und *E*1 stammen, vom gleichen Verlag publiziert sind. Offensichtlich nimmt also der Verlag bzw. dessen Redaktion Einfluss auf den Fachsprachlichkeitsgrad von Lehrbuchtexten, wenngleich auch keinen so großen wie das Fach bzw. das Berufsfeld.

Ein weiteres bemerkenswertes Ergebnis des intrafachlichen Vergleichs ist, dass die Texte der Korpora *K*2 und *E*2 in einem anonymeren Stil verfasst sind als die Texte der Subkorpora *K1* und *E1*, obwohl hinsichtlich aller anderen Untersuchungsschwerpunkte *K1* und *E1* die Lehrwerke mit dem höheren Fachsprachlichkeitsgrad sind. Dies deutet darauf hin, dass die durchschnittliche Satzlänge, die Anzahl der fachsprachentypischen Wortbildungen sowie der Präzisisonsgrad von Texten auf der einen Seite und der Anonymitätsgrad auf der anderen Seite Größen darstellen, die voneinander unabhängig sind. Das Merkmal Anonymität ist damit offensichtlich eine fachsprachliche Funktion, die von den anderen hier erläuterten fachsprachlichen Funktionen unabhängig ist.

Über den Fachsprachlichkeitsvergleich hinaus deuten die Daten darauf hin, dass für die untersuchten Texte zwischen den fachsprachlichen Funktionen Präzision und Ökonomie (siehe Abschnitt 5.3.1 und Abschnitt 5.3.2) Widersprüche bestehen: Während die Elektrotechniktexte einerseits durch einen höheren Grad an Präzision gekennzeichnet sind als die Texte des Berufsfelds Körperpflege, treten andererseits im Korpus *E* auch signifikant mehr der sprachkomprimierenden zwei-, drei- und viergliedrigen Komposita auf als in Korpus *K*. Komposita sind jedoch im Deutschen semantisch unterspezifiziert und können aus diesem Grund von Nichtfachleuten möglicherweise nicht immer verstanden werden. Die vorliegenden Ergebnisse liefern somit einen Hinweis darauf, dass in Fachkundebüchern, also in Fachbüchern, die der „didaktisch-methodisch aufbereiteten, strukturierten, generalisierten und exemplarischen Darbietung der Lerninhalte" (Ruschel 1996, 5) innerhalb des institutionalisierten Rahmens der beruflichen Bildung dienen, die Textkompression eine dominantere Rolle spielt als die präzise Darstellung der Inhalte. Damit widersprechen die Daten zumindest mit Blick auf die hier untersuchten Fachkundebücher der Auffassung von Arntz und Picht, dass Präzision die wichtigste Funktion von Fachsprache darstelle (siehe Abschnitt 5.3.1) und weisen auf die Vorrangigkeit einer komprimierten Darstellungsweise gegenüber einer präzisen Darstellung hin.

11 Informierende Bilder in den Fachkundebüchern der Berufsfelder Körperpflege und Elektrotechnik

Zu den informierenden Bildern zählen Abbilder (z. B. Fotos, Zeichnungen und Symbole), Schemata (z. B. Schaltpläne, technische Zeichnungen und Landkarten) und logische Bilder (z. B. Diagramme und Tabellen) (siehe Abschnitt 6.3). Dabei gelten für Fachtexte vor allem logische Bilder als typisch (vgl. Schnotz 1994, 95), sodass ein Zusammenhang zwischen dem häufigen Vorkommen logischer Bilder und einem hohen Fachsprachlichkeitsgrad bzw. zwischen dem eher seltenen Vorkommen dieser Bilder und einem geringeren Fachsprachlichkeitsgrad angenommen werden kann.

Für den Vergleich der Frequenzen informierender Bilder wird das Vorkommen dieser Bilder kapitelweise für die gesamten vier Fachkundebücher ermittelt. Das bedeutet, dass für den Vergleich informierender Bilder die vollständigen Bücher die Grundlage bilden und nicht die Korpora K und E, die jeweils nur aus den zufällig ausgewählten Kapiteln bestehen (siehe Abschnitt 8.2).

Da die Anzahl der informierenden Bilder im Vergleich zur Anzahl der annotierten Strukturen, deren Auswertung in den Kapiteln 9 und 10 dargestellt ist, gering ist, wird für die folgenden Berechnungen eine Irrtumswahrscheinlichkeit von kleiner oder gleich 5 %, also ein Signifikanzniveau von .005, gewählt.

11.1 Interfachlicher Vergleich der Anzahl informierender Bilder

Der Vergleich des Vorkommens informierender Bilder zeigt, dass in den Körperpflegelehrwerken signifikant mehr Fotos und Zeichnungen vorkommen als in den Lehrbüchern für das Fach Elektrotechnik. Während in den Körperpflegebüchern etwa 37 Fotos und 25 Zeichnungen pro Kapitel abgebildet sind, enthalten die Elektrotechnikbücher etwa zwölf Fotos und 14 Zeichnungen pro Kapitel. Beide Unterschiede sind statistisch signifikant (p < .001 und p = .026). Der Effekt ist jedoch für den Mittelwertunterschied der Fotos (d = 1.26) wesentlich größer als der für den Mittelwertunterschied der Zeichnungen (d = .61).

Die Vorkommenshäufigkeit von Symbolen, die ebenfalls zu Abbildern zählen, unterscheidet sich hingegen korpusbedingt nicht signifikant voneinander: In den

Körperpflegebüchern ist etwa ein Symbol pro Kapitel abgebildet, in den Kapiteln der Fachkundebücher für das Berufsfeld Elektrotechnik kommen etwa drei Symbole pro Kapitel vor.

Der Unterschied in den Frequenzen der Schemata, die in Bezug auf ihren Abstraktionsgrad zwischen den Abbildern und den logischen Bildern einzuordnen sind (Abschnitt 6.3.2), ist mit sehr großem Effekt statistisch signifikant ($p = .002$; mit $d = 1.26$): In den Kapiteln der Elektrotechnikbücher kommen durchschnittlich ca. 31 Schemata pro Kapitel vor, während in den Körperpflegebüchern etwa ein Schema pro Kapitel vorkommt.

Auch hinsichtlich der logischen Bilder ergeben die Daten ein deutliches Ergebnis: In den Kapiteln der Elektrotechnikbücher kommen durchschnittlich ca. sechs Diagramme und etwa neun Tabellen pro Kapitel vor. In den Kapiteln der Körperpflegebücher sind in etwa jedem zweiten Kapitel ein Diagramm und etwa drei Tabellen pro Kapitel abgebildet. Diese Unterschiede sind statistisch signifikant (Diagramme: $p < .001$; Tabellen: $p = .003$), wobei der Effekt für die Tabellen mit $d = .86$ als groß und für die Diagramme mit $d = .68$ als mittelgroß einzuordnen ist.

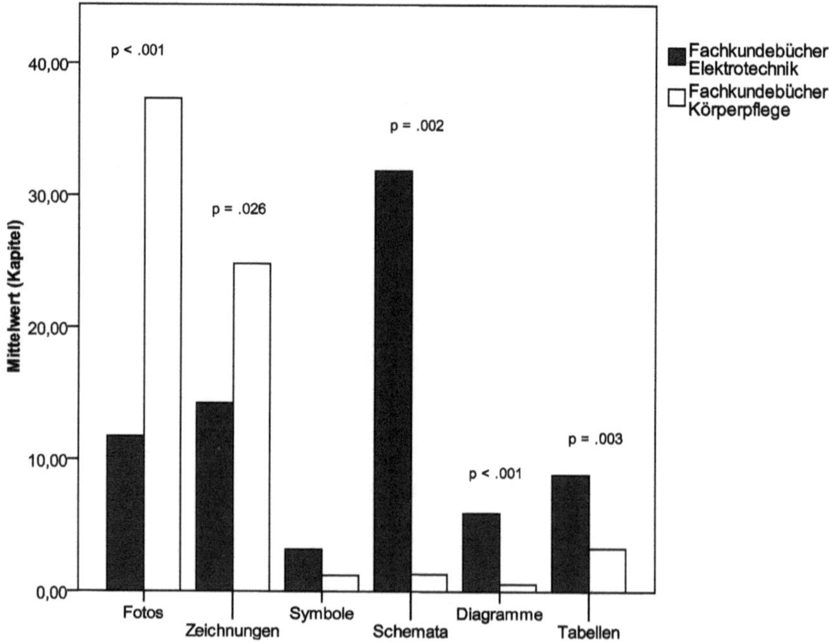

Abbildung 23: Informierende Bilder pro Kapitel pro Korpus

Auffällig ist an diesen Ergebnissen, dass Bilder mit hohem Abstraktionsgrad (Schemata, Diagramme, Tabellen) in den Büchern für das Berufsfeld Elektrotechnik signifikant häufiger vorkommen als in denen für das Berufsfeld Körperpflege, während signifikant mehr Bilder mit geringem Abstraktionsgrad (Fotos und Zeichnungen) in den Lehrwerken zur Körperpflege abgebildet sind. Auch hinsichtlich des Vorkommens logischer Bilder, die für Fachtexte als typisch gelten, sind die Lehrwerke für Elektrotechnik auf der Textebene als fachsprachlicher einzuordnen als die für die Ausbildungsberufe Friseur und Kosmetiker. Die Effektgrößen sind hier immer mindestens mittelgroß, meist aber sehr groß.

Die informierenden Bilder, deren Vorkommenshäufigkeiten hier untersucht werden, stehen nicht für sich, sondern die Lehrwerke sind ein „Konglomerat aus verbaler und piktorialer Information" (Schiefele et al. 2004, 63). Der lineare Text wird durch die Bilder ergänzt bzw. illustriert. Da mithilfe des Frequenzvergleichs der informierenden Bilder aber noch keine Aussage darüber getroffen wird, wie der Zusammenhang zwischen Bild und Text gestaltet ist, werden nachfolgend die Mittelwerte der Textverweise zu Bildern (siehe Beispiel 80 bis 82) ausgewertet.

(80) Die Basiswirkstoffe und weitere Substanzen, die für die Eigenschaften eines Shampoos (Duft, Farbe, Konsistenz usw.) verantwortlich sind, werden in **Tabelle 1** auf Seite 32 aufgeführt .

(81) Isolierte Leitungen und Kabel (**Übersicht**) bestehen aus einer oder aus mehreren gegeneinander isolierten Aderleitungen , die durch eine gemeinsame Umhüllung zusammengefasst sind (**Bild 1**).

(82) Die Maße des TSG-Feldes (**Abb. 1**) sind unterschiedlich gegenüber einem einfachen Zählerfeld.

Die Auswertung der Verweise auf Bilder bezieht sich – wie auch die Auswertungen auf der Wort- und Satzebene – wieder auf die getaggten und annotieren Korpora, nicht auf die gesamten Fachkundebücher. Sie ergibt, dass im Korpus K in etwa jedem zwanzigsten Satz ein Verweis zu finden ist, während im Korpus E in etwa jedem fünften bis sechsten Satz auf ein informierendes Bild verwiesen wird (mw $K = .06$; mw $E = .18$). Dieser Unterschied ist statistisch signifikant (p < .000; d = .31). Dies bedeutet, dass im Korpus E nicht nur signifikant weniger realistische und signifikant mehr logische Bilder vorkommen, sondern dass in den Texten dieses Korpus auch mehr als doppelt so häufig auf informierende Bilder verwiesen wird. Damit erscheinen auf jeden Fall diejenigen Bilder, auf die im Text verwiesen wird, nicht unabhängig vom Text, sondern müssen von den Lesenden im Zusammenhang mit dem geschriebenen Text verarbeitet werden.

11.2 Intrafachlicher Vergleich der Anzahl informierender Bilder

Der intrafachliche Vergleich der Körperpflegetexte zeigt ein nicht so einheitliches Bild wie der Vergleich zwischen den beiden Korpora: Die Lehrwerke *Körperpflege 1* und *Körperpflege 2* unterscheiden sich nur hinsichtlich des Vorkommens der Schemata (MWU: $p < .001$; $d = 1.33$) und der Tabellen (MWU: $p < .001$; $d = 2.21$) signifikant und mit äußerst großen Effekten. Lehrwerk *Körperpflege 1* enthält weniger Schemata, aber mehr Tabellen als das Lehrwerk *Körperpflege 2*. Eine Aussage darüber, welches der beiden Fachkundebücher für das Berufsfeld Körperpflege hinsichtlich der Anzahl informierender Bilder als fachsprachlicher einzustufen ist, ist auf der Grundlage dieser beiden Unterschiede nicht zuverlässig.

Auch der Vergleich der Fachkundebücher für das Berufsfeld Elektrotechnik zeigt keine eindeutigen Ergebnisse: Fachbuch *Elektrotechnik 2* enthält eine signifikant höhere Anzahl von Fotos als Fachbuch *Elektrotechnik 1* ($p = .015$; $d = .98$), aber außerdem auch mehr Diagramme als Fachbuch *Elektrotechnik 1* ($p = .012$; $d = .85$). Da Fotos zu den realistischen und wenig abstrakten Bildern zählen und Diagramme zu den abstrakten logischen Bildern, kann keine Aussage darüber getroffen werden, welches der beiden Fachbücher hinsichtlich der Bildvorkommen abstrakter ist bzw. den höheren Fachsprachlichkeitsgrad aufweist.

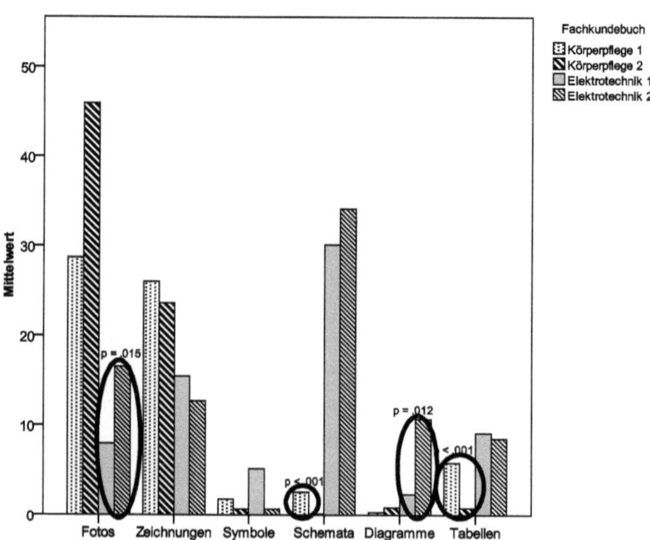

Abbildung 24: Informierende Bilder pro Kapitel pro Subkorpus

Alle anderen in Abbildung 24 ersichtlichen Unterschiede der Bildvorkommen in den jeweiligen Fachkundebüchern sind statistisch nicht signifikant und damit nicht entscheidend.

Im Gegensatz zum Vorkommen informierender Bilder zeigt aber die Auswertung der Bild-Verweise (siehe Tabelle 13), dass in den Texten der Subkorpora $K1$ und $E1$ häufiger auf Bilder, Tabellen und Übersichten verwiesen wird als in den Texten der Subkorpora $K2$ und $E2$. Die Mittelwertunterschiede sind mit p < .001 jeweils signifikant, der Effekt ist für die Körperpflegebücher mit d = .35 etwas stärker als für die Elektrotechnikbücher (d = .27).

Tabelle 13: Verweise auf informierende Bilder pro Subkorpus

Subkorpus	Mittelwert	Anzahl der Sätze	Standardabweichung
Subkorpus $K1$	0.10	967	0.348
Subkorpus $K2$	0.00	588	0.041
Subkorpus $E1$	0.24	714	0.539
Subkorpus $E2$	0.12	737	0.338
Insgesamt	0.12	3006	0.377

Wenn auch hinsichtlich der Bildvorkommen intrafachlich keine bedeutsamen Ergebnisse festzustellen sind, deutet die Auswertung der Verweise auf informierende Bilder auf einen höheren Grad an Text-Bild-Interaktion in den Subkorpora $K1$ und $E1$ hin.

11.3 Diskussion der Ergebnisse des Vergleichs der Frequenzen informierender Bilder

Im Rahmen des Vergleichs der Lehrbücher für die Berufsfelder Körperpflege und Elektrotechnik wird in Bezug auf die Textebene davon ausgegangen, dass die Qualität und die Quantität informierender Bilder Indikatoren für den Fachsprachlichkeitsgrad der Texte darstellen. Wie die Untersuchungen auf der Wort- und Satzebene ergibt auch der Vergleich der Art und der Vorkommenshäufigkeiten informierender Bilder einen signifikant höheren Fachsprachlichkeitsgrad für die Elektrotechniktexte. Zudem deuten die absoluten Zahlen der Verweise auf Bilder darauf hin, dass die Text-Bild-Interaktion in Korpus E komplexer ist als in Korpus K.

Der intrafachliche Vergleich zeigt keine derartig eindeutigen Ergebnisse, denn für keines der jeweiligen Lehrwerke kann mithilfe der Auswertung der Bildvorkommen ein höherer Fachsprachlichkeitsgrad auf der Textebene nachgewiesen werden. Lediglich die absoluten Zahlen der Verweise auf Bilder deuten darauf hin, dass *K1* und *E1* komplexer sind als *K2* und *E2*. Wie auch auf der Wort- und Satzebene kann dieses Ergebnis als Hinweis auf den Einfluss des Autors oder einer Redaktion gedeutet werden.

12   Zusammenfassende Interpretation der Ergebnisse

Die vorliegende korpuslinguistische Analyse der zu den Berufsfeldern Körperpflege und Elektrotechnik gehörenden Fachkundebuchtexte zeigt, dass sich der Grad der Fachsprachlichkeit dieser beiden Berufsfelder auf der morphologischen, der syntaktischen und auf der Textebene signifikant unterscheidet: Die Texte aus den Fachkundebüchern für das Berufsfeld Elektrotechnik bestehen aus längeren Tokens und enthalten mehr fachsprachentypische Wortbildungen pro Satz als die Texte, die den Fachkundebüchern für das Berufsfeld Körperpflege entnommen sind. Zudem sind die Sätze der Elektrotechniktexte länger und durch einen höheren Grad an Textkompression, Präzision und Anonymität gekennzeichnet. Die Fachkundebücher des Berufsfelds Elektrotechnik enthalten außerdem mehr logische Bilder (Diagramme und Tabellen) und gleichzeitig weniger realistische Bilder (Fotos, Zeichnungen und Symbole) als die Fachkundebücher für Friseure und Kosmetiker.

Dies bedeutet, dass sich die Texte zwar in Bezug auf die registerdeterminierende Funktion der Fachsprachlichkeit voneinander unterscheiden. Während im Rahmen zahlreicher Studien bereits gezeigt werden konnte, dass sich verschiedene Register in Bezug auf sprachliche Dimensionen voneinander unterscheiden (siehe Kapitel 7), liefert die vorliegende Untersuchung Evidenz, dass Sprache auch *innerhalb* eines Registers variieren kann, und zwar hinsichtlich der Ausprägung der registerbestimmenden Dimension „Fachsprachlichkeit". Auf der Grundlage der vorliegenden Ergebnisse muss konstatiert werden, dass Fachsprachlichkeit graduell ist und dass sich allgemeine Aussagen über *die* Fachtexte in der beruflichen Bildung nicht aufrechterhalten lassen.

Der auf allen sprachlichen Ebenen signifikante fachabhängige Unterschied in der Ausprägung der Fachsprachlichkeit führt darüber hinaus zu der Frage nach den Gründen für die Unterschiede zwischen den beiden Korpora. Zum anderen stellt sich auch die Frage nach der Bedeutung dieser Ergebnisse und den Konsequenzen für die Zielgruppen dieser Texte. Auf diese beiden Punkte wird in den folgenden Abschnitten 12.1 und 12.2 eingegangen.

12.1   Der Zusammenhang von Fachsprachlichkeit und Fachlichkeit

Die im Rahmen der hier vorgelegten Arbeit erhobenen Daten zeigen, dass alle untersuchten Unterschiede des Fachsprachlichkeitsgrades in erster Linie vom Fach abhängen, für das die Texte verfasst wurden. Das jeweilige Buch und damit der Verlag, die Autoren und/oder die Redaktion üben – wenn überhaupt – einen geringeren Einfluss auf die Fachsprachlichkeit von Texten aus. Somit muss der Grund für die Variation der Fachsprachlichkeit im Fach selbst gesucht werden.

In Kapitel 4 konnte gezeigt werden, dass das Fach bzw. Berufsfeld Elektrotechnik u. a. aufgrund seiner stärkeren Ausdifferenzierung, seines höheren Entwicklungstempos, der längeren Ausbildungsdauer in den zugehörigen anerkannten Ausbildungsberufen und der höheren Lernvoraussetzungen bzw. der höheren Schulabschlüsse der Auszubildenden einen höheren Fachlichkeitsgrad aufweist als das Berufsfeld Körperpflege. Dass die Texte des Berufsfelds Elektrotechnik zudem einen höheren Fachsprachlichkeitsgrad aufweisen, stützt die Annahme eines Zusammenhangs zwischen dem Grad der Fachlichkeit und der Ausprägung der Fachsprachlichkeit. Die These, dass „einer inhaltsseitig begründeten ‚Fachlichkeit' eine ausdrucksseitig motivierte ‚Fachsprachlichkeit' gegenübersteht" (Schmidt 2003, 43), die bisher empirisch nicht belegt wurde, wird mit den hier vorliegenden Ergebnissen bekräftigt.

12.2   Der Zusammenhang von Fachsprachlichkeit und Verständlichkeit

Die Ergebnisse der vorliegenden Untersuchung werfen die Frage nach deren Bedeutung für die Leser der Texte auf. In diesem Zusammenhang kann die Hypothese formuliert werden, dass mit einem steigenden Grad an Fachlichkeit und Fachsprachlichkeit eine geringere Verständlichkeit von Texten einhergeht und dass dies wiederum den Wissenserwerb beim Lernen aus Fachtexten beeinflusst. Denn hinsichtlich der in den Abschnitten 6.1, 6.2 und 6.3 erläuterten fachsprachentypischen Strukturen, die in Fachtexten besonders häufig auftreten und deren Frequenzen den Fachsprachlichkeitsgrad eines Textes bestimmen (siehe Abschnitt 6.4), wird angenommen, dass sie in Abhängigkeit der Lesereigenschaften die Verständlichkeit von Texten beeinträchtigen können:

So wird angenommen, dass lange Wörter schwieriger zu verarbeiten sind als kurze (vgl. Christmann 2004, 34; Illuk 2005, 111). Auf die Ergebnisse der vorliegenden Untersuchung bezogen bedeutet diese Annahme, dass vermutlich die Texte der Elektrotechnikbücher hinsichtlich der verwendeten Wörter schwieriger zu verstehen sind als die Texte der Körperpflege-Lehrwerke, denn die Tokens des Korpus Elektrotechnik sind signifikant länger als die Tokens des Korpus Körperpflege. Außerdem stellen Komposita und Derivate, die im Korpus Elektrotechnik mit signifikant höherer Anzahl vorkommen als im Korpus Körperpflege (siehe Abschnitt 9.2), meist lange Wörter bzw. Wörter mit einer verhältnismäßig großen Anzahl von Buchstaben dar.

Des Weiteren gelten auch Wortkürzungen als schwer verständlich (vgl. Fraas 1998, 436). Somit muss angenommen werden, dass Texte mit einer hohen Frequenz von Kürzungen weniger verständlich sind als Texte mit einer geringeren Anzahl bzw. dass die Texte des Korpus Elektrotechnik, die auch signifikant mehr Kürzungen enthalten als die Körperpflegetexte, durch einen geringeren Grad der Verständlichkeit gekennzeichnet sind.

Hinsichtlich der syntaktischen Ebene wird in der Verständlichkeitsforschung davon ausgegangen, dass lange Sätze das Verständnis erschweren (vgl. z. B. Groeben 1978, 143; Peters 1994, 129) und dass sie im Gegensatz zu kurzen Sätzen längere Verarbeitungszeiten beim Lesen erfordern (Hansen-Schirra, Neumann 2004, 172). Auch die höhere Anzahl der Tokens pro Satz im Korpus Elektrotechnik weist somit auf einen niedrigeren Verständlichkeitsgrad dieser Texte hin.

In Bezug auf die fachsprachentypischen syntaktischen Strukturen wird vermutet, dass sich der für Fachtexte typische hohe Grad an Präzision, Kompression und Anonymität bzw. Abstraktion negativ auf die Textverständlichkeit auswirkt. Texte mit zunehmender Präzision büßen an Allgemeinverständlichkeit ein (vgl. Arntz, Picht 1989, 21); eine hohe semantische Dichte kann die Textverständlichkeit erschweren (vgl. Tauber 1984, 19 f.). Auch sprachökonomische Strukturen erschweren die Textrezeption, denn mit zunehmender Textkompression steigen die Rezeptionsschwierigkeiten (vgl. Arntz, Picht 1989, 21; Kretzenbacher 1990, 134; Fluck 1992, 61). Außerdem wirkt sich eine passivische, abstrakte Ausdrucksweise negativ auf die Textverständlichkeit aus, da aktive Formulierungen einfacher zu verarbeiten sind als passivische (vgl. z. B. Groeben 1982, 229; Lehrndorfer 1996, 73).

Diese Aussagen zur Auswirkung der genannten syntaktischen Strukturen auf die Textverständlichkeit sind zwar bisher psycholinguistisch nicht abschließend erforscht. Sie weisen jedoch darauf hin, dass die Texte aus den Fachkundebüchern für das Berufsfeld Elektrotechnik mit ihrem höheren Präzisions-, Kompressions- und Anonymitätsgrad auch in Bezug auf die syntaktische Ebene einen geringeren Verständlichkeitsgrad aufweisen als die des Berufsfelds Körperpflege.

Für den Einfluss informierender Bilder auf die Verständlichkeit gibt es empirisch belegte Evidenz: Levie und Lentz fanden heraus, dass logische Bilder schwieriger zu verarbeiten sind als Abbilder (vgl. Levie, Lentz 1982, 218 und siehe Abschnitt 4.3.3). Die signifikant höhere Anzahl logischer Bilder und Tabellen bei einer gleichzeitig signifikant geringeren Anzahl von Abbildern bzw. realistischen Bildern in den Fachkundebüchern des Berufsfelds Elektrotechnik indiziert auch auf der

Textebene eine geringere Verständlichkeit der Texte in den Lehrwerken für das Berufsfeld Elektrotechnik.

Obwohl nochmals betont werden muss, dass Verständlichkeit nicht nur und nicht in erster Linie von der sprachlichen Gestaltung bzw. vom Fachsprachlichkeitsgrad eines Textes abhängt (siehe Abschnitt 2.2), weisen die Daten darauf hin, dass die Texte der Elektrotechnikbücher auf allen sprachlichen Ebenen schwieriger zu verarbeiten sind als die Texte der Körperpflegebücher. Dieser Befund ist besonders problematisch, weil Verständlichkeitsstudien zeigen, dass selbst die Fachkundebücher des Berufsfelds Körperpflege Jugendlichen erhebliche Schwierigkeiten bereiten (siehe Abschnitt 2.2). Dabei weisen die Körperpflegebücher einen geringeren Fachsprachlichkeitsgrad auf als die Fachkundebücher des Berufsfelds Elektrotechnik, für die bisher keine Befragungen zu ihrer Verständlichkeit vorliegen. Somit muss davon ausgegangen werden, dass die Fachkundebücher des Berufsfelds Elektrotechnik noch höhere Anforderungen an die Lesekompetenzen von Lernenden stellen als die Körperpflegetexte und dass die Texte aus den Lehrwerken beider Berufsfelder möglicherweise manche Jugendliche beim Erwerb beruflichen Wissens eher behindern als unterstützen. Hierzu ist anzumerken, dass die Schulabschlüsse der Jugendlichen, die eine Ausbildung im Berufsfeld Elektrotechnik absolvieren, zwar höher sind als die der Auszubildenden im Berufsfeld Körperpflege (siehe Abschnitt 4.2.1). Jedoch geben die Schulabschlüsse der Jugendlichen nicht ausreichend Aufschluss über das tatsächlich vorhandene Niveau ihrer Lesekompetenz.

Die Fachsprachlichkeit der untersuchten Texte und die Tatsache, dass Texte verschiedener Berufsfelder hinsichtlich ihrer Fachsprachlichkeit variieren, bieten Anlass zur Diskussion. Wie die PISA-Studien gezeigt haben, gehört auch PISA 2009 zufolge noch immer fast jeder fünfte deutsche Schüler zu der so genannten Risikogruppe, die nicht die in PISA definierte Kompetenzstufe II erreicht (vgl. Klieme et al. 2010). Diese Schüler sind allenfalls in der Lage, „einfache Texte" zu verstehen, die ihnen „in Inhalt und Form vertraut sind" (Artelt et al. 2004, 144). Angesichts dieser Befunde ist davon auszugehen, dass diese Jugendlichen, die nach dem Verlassen der allgemein bildenden Schule in das System der beruflichen Bildung einmünden, die im Rahmen der hier vorgelegten Arbeit untersuchten Texte – und gerade die Texte mit dem höheren Fachsprachlichkeitsgrad – nicht verstehen können.

Die hier untersuchten Texte werden dabei nicht nur in der Berufsausbildung und in der Weiterbildung, sondern z. T. auch in berufsvorbereitenden Maßnahmen des so genannten „Übergangssystems" bzw. in so genannten „Ersatzmaßnahmen" eingesetzt. Da solche Maßnahmen überproportional häufig von Jugendlichen absolviert werden, die zu der so genannten Risikogruppe zählen und die daher einen besonderen Förderbedarf aufweisen, besteht auch hier dringend didaktischer Handlungsbedarf. (Zum Übergangssystem bzw. zu den Ersatzmaßnahmen sowie zu den Lernvoraussetzungen der Jugendlichen im Übergangssystem vgl. z. B. BMBF 2006, 4 oder Ulrich 2006, 96). Inwiefern die vorliegenden Ergebnisse für die Planung und Gestaltung sprachfördernder didaktischer Prozesse in der beruflichen Bildung genutzt werden können, wird im folgenden Kapitel in Abschnitt 13.1 diskutiert.

13 Ausblick

Bisher wurde die linguistische Beschaffenheit von Fachkundebüchern in den Fachdidaktiken beruflichen Lernens eher am Rande als zu diskutierendes und zu erforschendes Problem wahrgenommen (vgl. z. B. Gronwald, Martin 1998; Ott 1998; Wulfhorst 1998; Pätzold, Reinisch 2010) und die linguistische Fachtextforschung beschäftigt sich noch immer überwiegend mit Registern aus dem akademischen Bereich (vgl. z. B. Buhlmann, Fearns 2000; Roelcke 2005). Die hier vorgelegte Arbeit leistet somit einen Beitrag für die Erforschung von Fachtexten der nicht akademischen beruflichen Bildung.

Die Ergebnisse der im Rahmen dieser Arbeit durchgeführten Analysen zeigen, dass das Fach Elektrotechnik durch einen höheren Fachsprachlichkeitsgrad gekennzeichnet ist als das Fach Körperpflege. Damit weisen die Daten darauf hin, dass die Texte des Berufsfelds Elektrotechnik möglicherweise höhere Anforderungen an die Lesekompetenz der Jugendlichen stellen als die Texte aus Fachkundebüchern des Berufsfelds Körperpflege. Da angesichts der Relevanz von Schulbuchtexten für erfolgreiches Lernen im Kontext beruflicher Bildung eine aufmerksame und sorgfältige Beschäftigung mit der Thematik „Fachtexte der beruflichen Bildung" von besonderer Bedeutung ist, sollen die Ergebnisse dieser Arbeit als Anlass dienen, über didaktische Konsequenzen aber auch über Forschungsdesiderate, hier v. a. im Bereich der Fachtextlinguistik - nachzudenken.

13.1 Didaktischer Ausblick

Die berufsfeldbedingte unterschiedliche Ausprägung der Fachsprachlichkeit von Fachtexten auf allen sprachlichen Ebenen bietet Anlass, mehr Aufmerksamkeit auf die Beschaffenheit von Fachtexten verschiedener Berufsfelder sowie auf die möglichen Schwierigkeiten zu richten, die diese Jugendlichen bereiten können. Gerade auch angesichts der bei Lehrern und Schülern existierenden Unzufriedenheit mit der Schulbuchsprache (siehe Abschnitt 2.2) besteht die Notwendigkeit, sich mit der Sprache von Schul- bzw. Fachkundebüchern intensiver zu beschäftigen und sie sorgfältig zu prüfen.

In diesem Sinne wäre es sinnvoll, dass neben den Experten für das jeweilige Fach auch Sprachdidaktiker und/oder Pädagogen stärker in die Erarbeitung von Schulbüchern einbezogen werden, um damit den folgenden Zustand zu ändern:

„Inspiziert man die einschlägige Literatur, dann stellt man fest, dass das Gros der Bücher nicht von Pädagogen, sondern von Vertretern anderer Wissenschaften stammt." (Pöggeler 2003, 33)

Zwar ist es unzweifelhaft notwendig, dass die Konzeption und die Erarbeitung von Schulbüchern maßgeblich durch Experten des jeweiligen Fachs erfolgen. Jedoch ist darüber hinaus eine Reflexion des Sprachgebrauchs aus linguistischer Perspektive sinnvoll, da die Verständlichkeit von Texten „enorm" darunter leidet, dass „Fachtextautoren das, was ihnen in Fleisch und Blut eingegangen ist, ohne kritische Reflexion weitergeben" (Jahr 1996, 157 f.).

Zudem resultiert aus dem Ergebnis, dass sich die Texte in Fachkundebüchern verschiedener Berufsfelder linguistisch signifikant voneinander unterscheiden, ein weiteres Argument für eine integrierte fachspezifische Sprachförderung, also für eine enge Verzahnung von Fach- und Fachsprachenlernen anstelle einer übergreifenden, vom Fach losgelösten sprachlichen Förderung. Eine entsprechende sprachliche Förderung solcher Jugendlicher in der beruflichen Bildung, die über nicht ausreichende (bildungs-)sprachliche Kompetenzen verfügen, besteht insbesondere auch, weil sie mit fachsprachlichen Strukturen und Texten nicht immer vertraut sind:

„Vom Schüler wird Verständnis von Termini, Wortbildungen und Satzstrukturen verlangt, die er im Deutschunterricht nicht benutzt hat und die in der Gemeinsprache kaum zu finden sind." (Demidow 1999, 17)

Da sich die Fachtexte der Berufsfelder Elektrotechnik und Körperpflege signifikant voneinander unterscheiden, kann vermutet werden, dass auch Fachkundebücher weiterer Berufsfelder sprachlich unterschiedlich gestaltet sind und unterschiedliche Grade der Fachsprachlichkeit aufweisen. Aus diesem Grund ist eine fachspezifische Sprachförderung linguistisch sinnvoller als eine vom Fach losgelöste Fachsprachenförderung. Damit wird die Forderung nach gleichzeitigem Lernen von Fach und Fachsprache, die in der Sprachdidaktik bereits deutlich geäußert wird, auch aus sprachwissenschaftlicher Sicht untermauert:

„Sprache ist im Fachunterricht nicht einfach da, sondern wächst gleichzeitig mit dem Lernen der Fachinhalte. Insofern kann man Fach und Sprache nicht voneinander trennen, weder fachdidaktisch noch sprachdidaktisch noch lernpsychologisch. Dann müssen Fachinhalte und Sprache aber auch gleichzeitig gelehrt und gelernt werden. Somit verbietet sich eine Aufteilung des Unterrichtens in einen fachlichen und einen sprachlichen Teil." (Leisen 2004, 9)

Diese Forderung nach enger Verzahnung muss für alle Fächer und alle Schulformen gelten, da „Fachsprachen in allen Schulfächern, aber auch in der außerschulischen Aus-, Fort- und Weiterbildung eine wesentliche Rolle spielen" (Hoberg 1998, 954). Zwar findet eine auf die integrierte Vermittlung von fachlichem und sprachlichem Wissen zielende Förderung im Rahmen diverser Projekte in den allgemein bildenden und den beruflichen Schulen bereits statt, jedoch hat sie sich als Regelangebot im deutschen Schulsystem noch immer nicht etabliert[20]. Eine solche fachspezifische Sprachförderung sollte sich dabei nicht auf diejenigen Schüler beschränken, die Deutsch als Zweitsprache erwerben bzw. lernen, sondern auch Schüler mit Deutsch als Erstsprache einbeziehen. Denn im Gegensatz zur Fremdsprachendidaktik, in der die Fachsprachen seit langem eine große Rolle spielen, werden fachsprachliche Phänomene von der muttersprachlichen Didaktik bisher

---

20 Bereits in den 1980er Jahren gab es das Projekt Ausbildung - eine Gelegenheit zu systematischem Sprachlernen, das „ausbildungsbezogenen Sprachunterricht" ermöglichte. (Hierzu und zu dem Curriculum für den ausbildungsbezogenen Sprachunterricht siehe Klein, Leray 1990, 11). Zu den aktuellen bzw. kürzlich abgeschlossenen Projekten, die auf eine verzahnte bzw. integrierte Förderung von Fachwissen und Fachsprache zielen, zählen z. B. die folgenden:

- Das Projekt „Deutschförderung in der Lehre" wurde von 1999 bis 2004 an der *Baugewerblichen Berufsschule (BBZ) und an der Berufsschule Mode und Gestaltung (MGZ)* in Zürich gestartet und vom Schweizer *Bundesamt für Berufsbildung und Technologie* gefördert. Die Sprachförderung bezog sich auf die Bereiche Leseverstehen und Schreiben und fand in allen Fächern statt, in denen Texte gelesen und geschrieben werden. (Zu diesem Projekt siehe Nodari, Schiesser 2003).

- Mit einer Laufzeit von drei Jahren begann im Dezember 2003 in Hessen der Modellversuch *Vocational Literacy – Methodische und sprachliche Kompetenzen in der beruflichen Bildung (VOLI)*". Der Modellversuch wurde vom Hessischen Kultusministerium und der Bund-Länder-Kommission finanziert und in Kooperation mit der Technischen Universität Darmstadt vom Institut für Qualitätsentwicklung (IQ) in Wiesbaden geleitet. Da im Rahmen dieses Modellversuchs davon ausgegangen wurde, dass häufiger (fach)-sprachliche Probleme der Berufsschüler als fehlendes fachliches Wissen für das Nichtbestehen von Prüfungen verantwortlich sind, galt als Ziel des Versuchs, vor allen Dingen die Förderung der so genannten „Vocational Literacy", also der „sprachlichen Fertigkeiten, die in spezifischen beruflichen Zusammenhängen benötigt werden" (Hessisches Kultusministerium u. Institut für Qualitätsentwicklung o. J., 2).

- Vom Schuljahr 2002/2003 bis zum Schuljahr 2006/2007 wurde in der *Modularen Dualen Qualifizierungsmaßnahme* eine vom *Europäischen Sozialfonds* und dem Land Berlin geförderte berufsbezogene Sprachförderung angeboten, die von einer Arbeitsgruppe der Abteilung Wirtschaftspädagogik der Humboldt-Universität zu Berlin wissenschaftlich begleitet wurde. Die sprachliche Förderung im Rahmen der MDQM hatte das Ziel, die teilnehmenden Schüler zur Bewältigung der sprachlichen Anforderungen im Rahmen der beruflichen Lernsituation zu befähigen. Im Mittelpunkt der Förderung standen daher kommunikative Aufgaben, die im Rahmen der beruflichen Lernsituation an Jugendliche gestellt wurden. (Zu diesem Projekt siehe Badel et al. 2007; Niederhaus 2008).

- Mithilfe des Projekts *Förderunterricht für Kinder und Jugendliche mit Migrationshintergrund* , das von der Stiftung Mercator gefördert wird, wird seit dem Jahr 2005 bundesweit eine Fach- und Sprachlernen verzahnende Sprachförderung für Schüler der Sekundarstufe I und II angeboten, die einen Migrationshintergrund aufweisen. (Zu diesem Projekt siehe Stiftung Mercator o. J.).

meist nur kurz abgehandelt, obwohl sie auch Lernenden mit der Erstsprache Deutsch Schwierigkeiten bereiten können (vgl. Fluck 1992, 28).

Über die fachspezifische Förderung von Schülern der allgemein bildenden und der beruflichen Schulen hinaus können die Ergebnisse auch in die Planung und Durchführung von Lehrerfortbildungen einfließen, indem sie dazu genutzt werden, Lehrkräfte stärker für die Spezifik der Texte „ihres" Faches zu sensibilisieren und ihnen Möglichkeiten zur sprachlichen Förderung ihrer Lernenden aufzuzeigen.

Außerdem können die Ergebnisse des korpuslinguistischen Vergleichs der Fachkundebuchtexte unmittelbar in die Erstellung bzw. die Anpassung von Lehr- und Lernmaterialien zur fachspezifischen Förderung einfließen. So könnten auf der Grundlage der Ergebnisse beispielsweise (nicht kommerzielle) Materialien zur Förderung des Leseverstehens oder zur Arbeit am Fachwortschatz für die beiden Berufsfelder Elektrotechnik und Körperpflege entwickelt werden. Dieser Punkt ist insofern von besonderer Relevanz, als bisher kaum Materialien für die Sprachförderung im Fach zur Verfügung stehen:

> „Die materiellen Bedingungen der Lehrwerksproduktion im fachsprachlichen Bereich – also die ökonomischen Faktoren des Büchermachens wie z. B. Markt, Preis, Umfang und Ausstattung – führen dazu, daß viele fachsprachliche Lehrwerke nie publiziert werden, sondern nur als meist schwer zugängliche ‚graue Literatur' existieren oder wieder relativ schnell aus dem Markt genommen werden." (Buhlmann 1998, 983)

Sprachförderangebote, die auf die Verzahnung von Fach- und Sprachlernen zielen sowie entsprechende Lehr- und Lernmaterialien sind dabei gerade auch im Zuge der Umsetzung des Lernfeldkonzpetes[21], mit dem eine veränderte Ausrichtung des Verhältnisses von Handlungs- und Fachsystematik in der beruflichen Bildung verbunden ist (vgl. Kremer 2003), von großer Bedeutung. Denn die dem Lernfeldkonzept zugrunde liegende Handlungsorientierung erhöhte die Anforderungen an die Sprach- und Lesekompetenzen der Auszubildenden:

> „Im Zentrum der Aufgabenstellungen steht nicht die bloße Aktivierung und korrekte Wiedergabe von Fachwissensbeständen, sondern die Durchführung bzw. Rekonstruktion von Handlungsschritten. Hierzu müssen die dazu notwendigen Wissensbestände aus fachbezogenen Informationsquellen entnommen und die für das fachliche Handeln relevanten Strukturen und Prozesse auf der Basis von Fachtexten rekonstruiert werden. Bereits auf

---

21 Zum Lernfeldkonzept siehe z. B. Bader, Solane 2000; Tramm 2003; Bader 2004.

rezeptiver Ebene ist es daher notwendig, den Lernenden nicht nur Hilfen zum Verstehen von Texten im engeren Sinne zur geben, sondern mit ihnen auch die Arbeit mit fachlichen und fachbezogenen Informationsquellen und den Umgang mit Texten als kognitiven Werkzeugen zur Bewältigung von Aufgaben- und Problemstellungen zu trainieren." (Ohm et al. 2007, 134)

Resümierend ist zu konstatieren, dass in Bezug auf die Förderung des Leseverstehens fachsprachlicher Texte ein dringender didaktischer Bedarf besteht. Insbesondere gilt dies, weil der hohe Anteil der Abbrecher- und Durchfallquoten in der beruflichen Bildung auch darauf zurückzuführen ist, dass die Auszubildenden bereits bei der Rezeption des Fachwissens bzw. des Lern- und Prüfungsstoffs aus den Fachbüchern überfordert sind (vgl. Pätzold 2010, 163). Gerade diejenigen Jugendlichen, die zur so genannten Risikogruppe zählen, benötigen also „eine relativ kurzfristige Förderung, die sich eng an den fachlichen Erfordernissen und den individuellen bzw. lerngruppenspezifischen Ausgangslagen orientiert" (Ohm et al. 2007, 131). Eine solche Förderung kann helfen, Ausgrenzungen zu vermeiden und ist gerade auch angesichts der Tatsache, dass in Deutschland inzwischen wohl über 20 % eines Altersjahrgangs von beruflicher und sozialer Ausgrenzung bedroht sind (vgl. Bojanowski, Ratschinski 2010, 85), dringend erforderlich.

Neben den Möglichkeiten, die Ergebnisse des korpuslinguistischen Fachtextvergleichs für didaktische Vorhaben zu nutzen, besteht außerdem der Bedarf nach weiterer Forschung zum Fachsprachengebrauch im Kontext der beruflichen Bildung. Dieser Bedarf wird im folgenden Abschnitt 13.2 erläutert.

13.2   Forschungsausblick

Sowohl die Ergebnisse der vorliegenden Untersuchung als auch einige Annahmen, die im Rahmen der Interpretation der Ergebnisse getroffen wurden, weisen auf die Notwendigkeit weiterer Forschung hin.

Anhand der vorliegenden Untersuchung für die Berufsfelder Körperpflege und Elektrotechnik konnte gezeigt werden, dass die Fachsprachlichkeit von Fachkundebuchtexten in Abhängigkeit des Berufsfelds variiert. Dieses Ergebnis führt zu der Frage, ob sich Lehrbuchtexte darüber hinaus auch auf vertikaler Ebene, beispielsweise in Abhängigkeit ihrer Zielgruppe, voneinander unterscheiden. So steht die Beantwortung der Frage aus, ob sich z.B. Texte des Fachs Elektrotechnik, die in der Berufsausbildung zum Einsatz kommen, in Bezug auf ihre Fachsprachlichkeit von Texten des Fachs Elektrotechnik unterscheiden, die im akademischen Bereich eingesetzt werden.

Im Rahmen der Diskussion um die Fachsprachlichkeit von Texten wird ein Zusammenhang zwischen dem Grad der Fachsprachlichkeit von Texten und ihrer Verständlichkeit angenommen. Obwohl es Hinweise für die Richtigkeit dieser Annahme gibt (siehe Abschnitt 12.2), besteht auch diesbezüglich weiterer Forschungsbedarf, denn eine systematische Überprüfung des Zusammenhangs von Fachsprachlichkeit und Verständlichkeit steht bisher aus. Diese könnte im Rahmen weiterer Untersuchungen mithilfe psycholinguistischer Methoden erfolgen, wobei solche Untersuchungen gerade auch hinsichtlich der Planung und Gestaltung sprachdidaktischer Lehr- und Lernprozesse sinnvoll und notwendig sind.

Eine weitere Forschungslücke, auf die die Ergebnisse dieser korpuslinguistischen Fachtextanalyse hinweisen, ist die Beantwortung der Frage, inwieweit Texte mit einem hohen Grad an Fachsprachlichkeit hinsichtlich ihrer sprachlichen Gestaltung vereinfacht werden können, ohne dass Informationen verloren gehen bzw. ohne dass die jeweiligen Texte an Fachlichkeit einbüßen. Zwar bietet Wiater in Bezug auf die Frage, wie sich Schulbuchtexte optimieren lassen, eine Antwort:

> „Bei der Überprüfung der Qualität von Schulbüchern stellt sich in didaktischer Hinsicht die Frage: Wie lassen sich Schulbuchtexte optimieren? Zu dieser Frage hat die Forschung mehrere Lösungen erbracht: Veränderung der Wortwahl, Vereinfachung der Satzstrukturen, stärkere Strukturierung des Textes durch Gliederung mit Überschriften und Vorstrukturierungen (‚Vorspann‘), durch Einbau von Übersichten und zusätzlichen Informationen, Weglassen von Details, Personifizierung und Biografisierung des Sachverhalts / Problems.“ (Wiater 2005, 58)

Jedoch sind die Konsequenzen einer solchen Vereinfachung für die Fachlichkeit bzw. den Informationsgehalt von Schulbuchtexten bisher nicht überprüft worden. Fraglich ist hinsichtlich solcher Vereinfachungen beispielsweise, ob sich die „Wortwahl“ bzw. der Fachwortschatz in den Fachkundebuchtexten, die für fachliches Lernen im Kontext der beruflichen Bildung verfasst sind, ohne Informationsverluste verändern lässt oder ob der „Einbau von Übersichten und zusätzlichen Informationen“ die Textrezeption tatsächlich erleichtert.

Ferner ergibt sich aus den vorliegenden Ergebnissen die Schlussfolgerung, dass Texte weiterer Berufsfelder untersucht werden müssen. Die vorliegende Studie kann hinsichtlich der sprachwissenschaftlichen Erforschung und Beschreibung des Registers „Fachtexte in der beruflichen Bildung“ nur einen Anfang bzw. einen Auftakt für weitere Forschung darstellen, da nur zwei der insgesamt 54 der vom BIBB definierten Berufsfelder (siehe Abschnitt 3.2) in Bezug auf ihre Fachsprachlichkeit untersucht wurden.

Obwohl im Rahmen der hier vorgelegten Arbeit nur die Fachtexte zweier Berufsfelder korpuslinguistisch analysiert werden konnten, liefern die Ergebnisse einen
konkreten Anlass für die wissenschaftliche Diskussion der Konzepte „Bildungs-"
bzw. „Schulsprache", die in Anlehnung an die Terminologie von Jim Cummins als
unterrichtliche Variante eines akademischen Sprachgebrauchs ‚cognitive academic
proficiency', CALP) in Abgrenzung zur Alltagskommunikation (‚basic interperso-
nal communication skills', BICS) betrachtet werden (Cummins 2000).

Der Begriff „Bildungssprache", der im Kontext des Modellprogramms „Förderung
von Kindern und Jugendlichen mit Migrationshintergrund FörMig" empfohlen
wurde, geht auf Jürgen Habermas zurück. Habermas versteht unter Bildungssprache das Register, mit dessen Hilfe man sich mit den Mitteln der Schulbildung ein
Orientierungswissen verschaffen kann (Habermas 1977 zitiert nach Gogolin 2009).
Entsprechend nimmt auch Gogolin (2009, 264) an, dass dieses Register als „spezifischer Ausschnitt sprachlicher Kompetenz" besonders für den Bildungskontext
von Bedeutung, „wenn nicht sogar bildungserfolgsentscheidend" ist. Dabei geht sie
davon aus, dass gerade die Unterrichtsmedien dem Register Bildungssprache zuzu-
ordnen sind:

> „Besonderes Gewicht aber besitzt dieses Register im Bildungskontext, weil es
> in Lernaufgaben, Lehrwerken und anderem Unterrichtsmaterial sowie in Prü-
> fungen verwendet wird, und zwar umso intensiver und ausgiebiger, je weiter
> eine Bildungsbiographie fortgeschritten ist – also je weiter sich der Unterricht
> in Fächer bzw. Fächergruppen ausdifferenziert." (ebd., 267)

Unter „Schulsprache" bzw. „schulsprachlichen Kompetenzen" werden „sowohl
diejenigen Sprachfähigkeiten, die innerhalb der dominanten Sprache einer Schule
im Rahmen eines eigenen Unterrichtsfaches vermittelt werden, als auch das für den
Fachunterricht typische Sprachregister" verstanden (Vollmer, Thürmann 2010,
108). Dabei wird das schulsprachliche Register als Grundlage jeglichen unterricht-
lichen Lehrens und Lernens verstanden und zeichnet sich u. a. durch Prägnanz,
Präzision, Vollständigkeit, Komplexität, Strukturiertheit, Objektivität, Distanz und
Eindeutigkeit aus (ebd., 109).

Hinsichtlich der sprachlichen Charakteristika der Bildungs- bzw. Schulsprache
wird zwar davon ausgegangen, dass sie sich von anderen Registern auf lexikalischer, morphosyntaktischer und textlicher Ebene unterscheiden, jedoch sind diese
Register bisher sprachwissenschaftlich nicht näher beschrieben (vgl. Gogolin 2009,
268 f.). Entsprechend liegen auch sprachstatistische Untersuchungen dieser Registers noch nicht vor.

Da Fachkundebücher zu den Schulbüchern bzw. Lehrwerken zählen, stellen sie der Definition Gogolins entsprechend eine zentrale Größe der Bildungssprache dar. Angesichts der Vagheit des Konzepts Bildungssprache bzw. hinsichtlich der nicht vorliegenden empirisch gestützten Beschreibung des Vorkommens und der Frequenz sprachlicher Charakteristika dieses Registers kann die vorliegende Arbeit als erster Ansatz zur konkreteren Bestimmung der Begriffe Bildungs- und Schulsprache dienen, zumindest für den Bereich Fachtexte der nicht akademischen beruflichen Bildung. Angesichts der vorliegenden Ergebnisse lässt sich nun immerhin konstatieren, wie Fachkundebuchtexte, die einen Teilbereich der Bildungssprache darstellen, sprachlich gestaltet sind.

Um Bildungs- bzw. Schulsprache für den Bereich der beruflichen Bildung systematischer bzw. vollständig beschreiben zu können, sind darüber hinaus weitere Untersuchungen notwendig. So sind für eine Bestimmung des Begriffs neben zusätzlichen korpuslinguistischen Untersuchungen von Fachkundebüchern weiterer Berufsfelder auch die Analysen anderer Unterrichtsmaterialien erforderlich. Ein zentrales Desiderat besteht darüber hinaus in der linguistischen Analyse gesprochener Bildungs- bzw. Schulsprache, da bisher über die Gestaltung des mündlichen Sprachgebrauchs in fachtheoretischen und fachpraktischen beruflichen Lehr-/Lernsituationen wenig bekannt ist. Für die Gestaltung von Lehr- und Lernprozessen, die im Kontext der beruflichen Bildung stattfinden, sind Kenntnisse über die Verwendung gesprochener Sprache gerade deshalb wichtig, weil Fachkenntnisse im Arbeitsleben auch mündlich dargestellt werden müssen:

> „Um in der modernen Arbeitswelt bestehen zu können, reicht es heutzutage nicht mehr aus, nur über Fachwissen zu verfügen. Man muss dieses Wissen auch eigenständig ausbauen, anderen Menschen kommunizieren und öffentlich präsentieren können." (Hessisches Kultusministerium u. Institut für Qualitätsentwicklung 2006, 4)

Im Rahmen dieses Forschungsausblicks wird also angenommen, dass Bildungssprache zwar durch ein hohes Maß an konzeptioneller Schriftlichkeit gekennzeichnet ist, jedoch durchaus gesprochene Sprache umfassen kann[22]. Im Gegensatz zur Analyse einer Fachsprache stellt die detaillierte Beschreibung der Bildung- bzw. Schulsprache dabei weitere Herausforderungen an die Forschung:

> „Im Vergleich zur Fachsprachenforschung stellen sich bei der Erforschung der Bildungssprache zwei Probleme, die eng miteinander verbunden sind: erstens

---

22 Zur konzeptionellen Mündlichkeit und Schriftlichkeit siehe Koch, Oesterreicher 1996.

das Problem der Themen-, Aufgaben- und Textsortenvielfalt und zweitens das Problem, dass die Bildungssprache nicht an Sphären, Bereiche, Fächer usw. gebunden ist. Die Bildungssprache überschreitet Domänen und bezieht sie aufeinander. Diese Eigenschaft macht die Erfassung des Handlungssystems aufwändiger als im Fall einer Fachsprache. Die Themen, die bildungssprachlich behandelt werden, stammen aus so gut wie allen Kommunikationsbereichen." (Ortner 2009, 2230)

Der Erforschung und Erfassung des Registers Bildungssprache kann unter Berücksichtigung der hier dargestellten Ergebnisse in weiteren Forschungsarbeiten nachgegangen werden.

Abbildungen

Beispiele

Literatur

Adamzik, Kirsten (1998): Auffassungen vom Status der Fachsprachen. In: Hoffmann, Lothar; Kalverkämper, Hartwig; Wiegand, Herbert Ernst (Hg.): Fachsprachen. Ein internationales Handbuch zur Fachsprachenforschung und Terminologiewissenschaft. Berlin: de Gruyter, S. 181-189.

Alesandrini, Kathryn L. (1984): Pictures and Adult Learning. In: Instructional Science, Heft 13, S. 63-77.

Arntz, Reiner; Picht, Heribert (1989): Einführung in die Terminologiearbeit. Hildesheim: Olms.

Artelt, Cordula; Stanat, Petra; Schneider, Wolfgang; Schiefele, Ulrich; Lehmann, Rainer (2004): Die PISA-Studie zur Lesekompetenz: Überblick und weiterführende Analysen. In: Schiefele, Ulrich; Artelt, Cordula; Schneider, Wolfgang; Stanat, Petra (Hg.): Struktur, Entwicklung und Förderung von Lesekompetenz. Vertiefende Analysen im Rahmen von PISA 2000. Wiesbaden: Verlag für Sozialwissenschaften, S. 139-168.

Atkinson, Dwight (1992): The Evolution of Medical Research Writing from 1735 to 1985: The Case of the Edinburgh Medical Journal. In: Applied Linguistics, Heft 13 (4), S. 337-374.

Atkinson, Dwight (1996): The "Philosophical Transactions of the Royal Society of London", 1675-1975: A Sociohistorical Discourse Analysis. In: Language in Society, Heft 25, S. 333-371.

Badel, Steffi; Mewes, Antje; Niederhaus, Constanze (2007): Sprachförderung in der beruflichen Bildung. Endbericht der wissenschaftlichen Begleitung zum Modellversuch Modulare-Duale-QualifizierungsMaßnahme (MDQM) (Studien zur Wirtschaftspädagogik und Berufsbildungsforschung aus der Humboldt-Universität zu Berlin, 10, 1).

Bader, Reinhard (2004): Unterrichtsgestaltung nach dem Lernfeldkonzept. Dokumentation zum BLK-Modellversuchsverbund SELUBA „Steigerung der Effizienz neuer Lernkonzepte und Unterrichtsmethoden in der dualen Berufsausbildung" der Länder Nordrhein-Westfalen und Sachsen-Anhalt. Bielefeld: Bertelsmann.

Bader, Reinhard; Sloane, Peter F. (Hg.) (2000): Lernen in Lernfeldern. Theoretische Analysen und Gestaltungsansätze zum Lernfeldkonzept. Paderborn: Eusl.

Ballstaedt, Steffen P. (1997): Wissensvermittlung. Die Gestaltung von Lernmaterial. Weinheim: Beltz Psychologie-Verl.-Union.

Bamberger, Richard (1995): Methoden und Ergebnisse der internationalen Schulbuchforschung im Überblick. In: Olechowski (Hg.): Schulbuchforschung. Frankfurt am Main: Lang, S. 46-94.

Bastian, Peter; Schuberth, Günter; Spielvogel, Otto; Steil, Hans-Jürgen; Tkotz, Klaus; Ziegler, Klaus (2004): Praxis Elektrotechnik. Haan-Gruiten: Europa-Lehrmittel.

Bauer, Lucia (1995): Zur Adressatenbezogenheit des Schulbuches. In: Olechowski (Hg.): Schulbuchforschung. Frankfurt am Main: Lang, S. 228-334.

Bauk, Anita Eszter (2009): Die Fachsprache der Mathematik. Analyse der Sprache der mathematischen Lehrbücher: Saarbrücken: VDM Verlag.

Baumann, Klaus-Dieter (1992): Ein interdisziplinärer Ansatz zur Untersuchung des Phänomens der Fachlichkeit von Texten. In: Gläser, Rosemarie (Hg.): Aktuelle Probleme der anglistischen Fachtextanalyse. Frankfurt am Main: Lang, S. 36-47.

Baumann, Klaus-Dieter (1992b): Integrative Fachtextlinguistik. Tübingen: Narr.

Baumann, Klaus-Dieter (1998a): Das Postulat der Exaktheit für den Fachsprachengebrauch. In: Hoffmann, Lothar; Kalverkämper, Hartwig; Wiegand, Herbert Ernst (Hg.): Fachsprachen. Ein internationales Handbuch zur Fachsprachenforschung und Terminologiewissenschaft. Berlin: de Gruyter, S. 373-377.

Baumann, Klaus-Dieter (1998b): Textuelle Eigenschaften von Fachsprachen. In: Hoffmann, Lothar; Kalverkämper, Hartwig; Wiegand, Herbert Ernst (Hg.): Fachsprachen. Ein internationales Handbuch zur Fachsprachenforschung und Terminologiewissenschaft. Berlin: de Gruyter, S. 408-416.

Baumann, Klaus-Dieter (1998c): Fachsprachliche Phänomene in den verschiedenen Sorten von populärwissenschaftlichen Vermittlungstexten. In: Hoffmann, Lothar; Kalverkämper, Hartwig; Wiegand, Herbert Ernst (Hg.): Fachsprachen. Ein internationales Handbuch zur Fachsprachenforschung und Terminologiewissenschaft. Berlin: de Gruyter, S. 728-735.

Baumert, Jürgen (Hg.) (2001): PISA 2000. Basiskompetenzen von Schülerinnen und Schülern im internationalen Vergleich. Opladen: Leske & Budrich.

Becker, Andrea; Hundt, Markus (1998): Auffassungen vom Status der Fachsprachen. Die Fachsprache in der einzelsprachlichen Differenzierung. In: Hoffmann, Lothar; Kalverkämper, Hartwig; Wiegand, Herbert Ernst (Hg.): Fachsprachen. Ein internationales Handbuch zur Fachsprachenforschung und Terminologiewissenschaft. Berlin: de Gruyter, S. 118-133.

Becker, Georg E. (1994): Planung von Unterricht. 6. Auflage. Weinheim: Beltz.

Beerenwinkel, Anne; Gräsel, Cornelia (2005): Texte im Chemieunterricht: Ergebnisse einer Befragung von Lehrkräften. In: Zeitschrift für Didaktik der Naturwissenschaften, S. 21-39.

Beier, Rudolf (1979): Zur Syntax in Fachtexten. In: Mentrup, Wolfgang (Hg.): Fachsprachen und Gemeinsprache. Jahrbuch 1978 des Institutes für deutsche Sprache. Düsseldorf: Schwann.

Bernstein, Wolf Z. (1992): Pseudopartizipien im deutschen Sprachgebrauch. Ein Nachschlage- und Übungsbuch. Heidelberg: Groos. Bundesinstitut für Berufsbildung (BIBB) (2006): Elektronikerin/ Elektroniker für Maschinen und Antriebstechnik. Online verfügbar unter http://www.bibb.de/de/8383.htm, zuletzt aktualisiert am 02.11.2006, zuletzt geprüft am 20.07.2010.

Biber, Douglas (1988): Variation across speech and writing. Cambridge (England), New York: Cambridge University Press.

Biber, Douglas (2003): Variation among University Spoken and Written Registers: A New Multi-Dimensional Analysis. In: Meyer, Charles F.; Leistyna, Pepi (Hg.): Corpus analysis. Language structure and language use. Amsterdam, New York: Rodopi, S. 47-70.

Biber, Douglas (2008): Multidimensional Approaches. In: Lüdeling, Anke; Kytö, Merja (Hg.): Corpus linguistics. An International Handbook. Berlin, New York: Mouton de Gruyter, S. 822-855.

Biber, Douglas; Finegan, Edward (1994): Intra-textual variation within medical research articles. In: Oostdijk, Nelleke; Haan, Pieter de (Hg.): Corpus-based Research into Language. Amsterdam, Atlanta: Rodopi, S. 201-222.

Bildungsweb Media GmbH (Hg.) (2009): Ausbildungs.net. Das deutsche Ausbildungs-Infoportal. Online verfügbar unter http://www.ausbildung.net/ausbildungen-in-technik-it/elektronik-elektrotechnik.html, zuletzt geprüft am 21.07.2010.

Böhm, Winfried; Hehlmann, Wilhelm (2000): Wörterbuch der Pädagogik. 15. Auflage. Stuttgart: Kröner.

Bojanowski, Arnulf; Ratschinski, Günter (2010): Lernvoraussetzungen und Lernschwierigkeiten Jugendlicher in der beruflichen Bildung. In: Nickolaus, Reinhold (Hg.): Handbuch Berufs- und Wirtschaftspädagogik. Stuttgart: UTB, S. 84-87.

Borau, Thomas (1999): Arbeitssicherheit und Umweltschutz als inhaltliche Aspekte in didaktischen Materialien. Eine qualitative Inhaltsanalyse von Lehrplänen und Schulbüchern der Grundstufe im Berufsfeld Metalltechnik. Online verfügbar unter http://www.sub.uni-hamburg.de/opus/volltexte/1999/59/html/deckblatt.html#inhalt, zuletzt geprüft am 18.08.2009.

Borch, Hans; Weissmann, Hans (2003): Neuordnung der Elektroberufe in Industrie und Handwerk. In: BWP, Heft 5, S. 9-13.

Borries, Bodo von (2010): Wie wirken Schulbücher in den Köpfen der Schüler? In: Fuchs, Eckhardt; Kahlert, Joachim; Sandfuchs, Uwe (Hg.): Schulbuch konkret. Kontexte, Produktion, Unterricht. Bad Heilbrunn: Klinkhardt, S. 102-117.

Bortz, Jürgen (2008): Verteilungsfreie Methoden in der Biostatistik. 3. Auflage. Heidelberg: Springer Medizin.

Bortz, Jürgen; Döring, Nicola (2006): Forschungsmethoden und Evaluation. Für Human- und Sozialwissenschaftler. 4. Auflage. Berlin, Heidelberg: Springer Medizin.

Brünken, Roland; Seufert, Tina; Zander, Steffi (2005): Förderung der Kohärenzbildung beim Lernen mit multiplen Repräsentationen. In: Zeitschrift für Pädagogische Psychologie, Jg. 19, H. 1, S. 61-75.

Brünken, Roland, Steinbacher, Susan, Schnotz, Wolfgang, Leutner, Detlev (2001). Mentale Modelle und Effekte der Präsentations- und Abrufkodalität beim Lernen mit Multimedia. In: Zeitschrift für Pädagogische Psychologie, H. 15, S. 16-27

Buhlmann, Rosemarie; Fearns, Anneliese (2000): Handbuch des Fachsprachenunterrichts. Unter besonderer Berücksichtigung naturwissenschaftlich-technischer Fachsprachen: Tübingen: Narr.

Buhlmann, Rosemarie (1998): Fachsprachliche Lehrmittelsysteme. In: Hoffmann, Lothar; Kalverkämper, Hartwig; Wiegand, Herbert Ernst (Hg.): Fachsprachen. Ein internationales Handbuch zur Fachsprachenforschung und Terminologiewissenschaft. Berlin: de Gruyter, S. 982-988.

Bullinger, Roland; Hieber, Ulrich; Lenz, Thomas (2005): Das Geographiebuch – ein (un)verzichtbares Medium (!)? Didaktische Funktionen und Grenzen eines traditionellen Mediums. In: Geographie heute, H. 231/232, S. 67-71.

Bundesagentur für Arbeit (Hg.) (2010): Berufenet. Berufsinformationen einfach finden. Online verfügbar unter http://berufenet.arbeitsagentur.de/berufe/index.jsp, zuletzt aktualisiert am 22.07.2010, zuletzt geprüft am 23.07.2010.

Bundesinstitut für Berufsbildung (BIBB.) (2010a): Industrielle Elektroberufe. Implementation der neuen industriellen Elektroberufe. Online verfügbar unter http://www.bibb.de/de/wlk8117.htm, zuletzt aktualisiert am 20.04.2010, zuletzt geprüft am 16.07.2010.

Bundesinstitut für Berufsbildung (BIBB.) (2010b): Handwerkliche Elektroberufe. Implementation der neuen industriellen Elektroberufe. Online verfügbar unter http://www.bibb.de/de/wlk8116.htm, zuletzt aktualisiert am 21.04.2010, zuletzt geprüft am 16.07.2010.

Bundesinstitut für Berufsbildung (BIBB.) (2010c): Neu abgeschlossene Ausbildungsverträge in den im Jahr 2009 gültigen Berufen aggregiert mit den Vorgängerberufen in Deutschland. Online verfügbar unter http://www.bibb.de/dokumente/pdf/naa309_2009_tab66_0bund.pdf, zuletzt aktualisiert am 21.01.2010, zuletzt geprüft am 10.07.2010.

Bundesministerium für Bildung und Forschung (BMBF) (2006). Berufsbildungsbericht 2006. Bonn, Berlin: Bundesministerium für Bildung und Forschung.

Business-on.de (Hg.) (2010): Der Friseurberuf im Wandel der Zeit. Online verfügbar unter http://stuttgart.business-on.de/friseurberuf-kunde-menschen-friseurs-kopfhaare-jahrhundert-_id4510.html, zuletzt geprüft am 21.07.2010.

Christmann, Ursula; Groeben, Norbert (1999): Psychologie des Lesens. In: Franzmann, Bodo; Jäger, Georg (Hg.): Handbuch Lesen. München: Saur. 145-238.

Christmann, Ursula (2004): Verstehens- und Verständlichkeitsmessung. Methodische Ansätze in der Anwendungsforschung. In: Lerch, Kent D. (Hg.): Die Sprache des Rechts. Recht verstehen. Verständlichkeit, Missverständlichkeit und Unverständlichkeit von Recht. Berlin: de Gruyter, S. 33-62.

Cohen, Jacob (1988): Statistical power analysis for the behavioral sciences. 2. Auflage. Hillsdale: Lawrence Erlbaum Associates.

Cohen, Jacob (1992): A power primer. In: Psychological Bulletin, Heft 112, S. 155-159.

Conrad, Susan M. (1996): Investigating academic texts with corpus-based techniques: An example from biology. In: Linguistics and Education, Jg. 8 (1996), Heft 3, S. 299-326.

Conrad, Susan; Biber, Douglas (Hg.) (2001): Variation in English. Multi-dimensional studies. Harlow: Longman.

Cummins, Jim (2010): Language, power and pedagogy. Bilingual children in the crossfire. Clevedon: Multilingual Matters.

Demidow, Irene (1999): Fachlernen in der Zweitsprache Deutsch: Wie zweisprachige Schüler(innen) Physik verstehen. In: Zeitschrift für Didaktik der Naturwissenschaften, Jg. 5, H. 2, S. 15-32.

Dingeldein; Heinrich J. (1998): Die Fachsprache der holzverarbeitenden Berufe im Hessischen. In: Hoffmann, Lothar; Kalverkämper, Hartwig; Wiegand, Herbert Ernst (Hg.): Fachsprachen. Ein internationales Handbuch zur Fachsprachenforschung und Terminologiewissenschaft. Berlin: de Gruyter, S. 1069-1077.

Drewniak, Ute (1992): Lernen mit Bildern in Texten. Untersuchung zur Optimierung des Lernerfolgs bei Benutzung computerpräsentierter Texte und Bilder. Münster: Waxmann.

Drozd, Lubomír; Drozd-Seibicke (1973): Deutsche Fach- und Wissenschaftssprache. Bestandsaufnahme, Theorie, Geschichte. 1. Auflage. Wiesbaden: Brandstetter.

Dudenredaktion (Hg.) (2005): Duden, die Grammatik. 7. Auflage. Mannheim: Dudenverlag.

Eggelte, Brigitte (2008): Von der semantischen Leistung der Verbalpräfixe zur Systematisierung ihrer syntaktischen Konsequenzen. In: Eichinger, Ludwig M.; Meliss, Meike; Dominguez Vazquez, Maria J. (Hg.): Wortbildung heute. Tendenzen und Kontraste in der deutschen Gegenwartssprache. Tübingen: Narr, S. 131-142.

Eisenberg, Peter (2006): Das Wort. 3. Auflage. Stuttgart, Weimar: Metzler.

Fankhauser Inniger, Regula; Labudde-Dimmler, Peter (2010): Bildrezeption und Bildkompetenz im naturwissenschaftlichen Unterricht: Herausforderungen und Desiderata. In: Zeitschrift für Pädagogik, Jg. 56, H. 6, S. 849-860.

Fijas, Liane (1998): Das Postulat der Ökonomie für den Fachsprachengebrauch. In: Hoffmann, Lothar; Kalverkämper, Hartwig; Wiegand, Herbert Ernst (Hg.): Fachsprachen. Ein internationales Handbuch zur Fachsprachenforschung und Terminologiewissenschaft. Berlin: de Gruyter, S. 390-397.

Fluck, Hans-Rüdiger (1992): Didaktik der Fachsprachen. Aufgaben und Arbeitsfelder, Konzepte und Perspektiven im Sprachbereich Deutsch. Tübingen: Narr.

Fluck, Hans-Rüdiger (1996): Fachsprachen. Einführung und Bibliographie. 5. Auflage. Tübingen: Francke.

Fluck, Hans R. (1997): Fachdeutsch in Naturwissenschaft und Technik. Einführung in die Fachsprachen und die Didaktik/Methodik des fachorientierten Fremdsprachenunterrichts (Deutsch als Fremdsprache). Heidelberg: Groos.

Fraas, Claudia (1998): Lexikalisch-semantische Eigenschaften von Fachsprachen. In: Hoffmann, Lothar; Kalverkämper, Hartwig; Wiegand, Herbert Ernst (Hg.): Fachsprachen. Ein internationales Handbuch zur Fachsprachenforschung und Terminologiewissenschaft. Berlin: de Gruyter, S. 428-438.

Fröhlich, Klaus (1997): Schulbucharbeit. In: Bergmann, Klaus; Fröhlich, Klaus; Kuhn, Annette (Hg.): Handbuch der Geschichtsdidaktik. Seelze-Velber: Kallmeyer, S. 422-430.

Gerbert, Manfred (Hg.) (1970): Besonderheiten der Syntax in der technischen Fachsprache des Englischen. Halle: Niemeyer.

Glaser, Robert (2009): Changing the Agency for Learning: Acquiring Expert Performance. In: Ericsson, K. Anders (Hg.): Development of Professional Expertise. Toward Measurement of Expert Performance and Design of Optimal Learning Environments: Cambridge University Press, S. 303-312.

Gläser, Rosemarie (1990): Fachtextsorten im Englischen. Tübingen: Narr.

Gogolin, Ingrid (2009): Zweisprachigkeit und die Entwicklung bildungssprachlicher Fähigkeiten. In: Gogolin, Ingrid; Neumann, Ursula (Hg.): Streitfall Zweisprachigkeit. Wiesbaden: Verlag für Sozialwissenschaften, S. 263-288.

Göpferich, Susanne (1995): Textsorten in Naturwissenschaft und Technik. Pragmatische Typologie – Kontrastierung – Translation. Tübingen: Narr.

Groeben, Norbert (1978): Die Verständlichkeit von Unterrichtstexten. Dimensionen u. Kriterien rezeptiver Lernstadien. 2. Auflage. Münster: Aschendorff.

Groeben, Norbert (1982): Leserpsychologie. Textverständnis – Textverständlichkeit. Münster: Aschendorff.

Habermas, Jürgen (1977): Umgangssprache, Wissenschaftssprache, Bildungssprache. In: Max-Planck-Gesellschaft zur Förderung der Wissenschaften (Hg.): Jahresbericht. München, S. 36-51.

Häfeli, Kurt; Gasche, Mark (2002): Beruf und Berufsfeld: Konzeptionelle Überlegungen zu kontroversen Begriffen. Herausgegeben vom Schweizerischen Institut für Berufspädagogik (SIBP). Online verfügbar unter http://turkawka.kaywa.ch/files/studie.pdf, zuletzt geprüft am 23.08.2010.

Hahn, Walter von (1998): Das Postulat der Explizitheit für den Fachsprachengebrauch. In: Hoffmann, Lothar; Kalverkämper, Hartwig; Wiegand, Herbert Ernst (Hg.): Fachsprachen. Ein internationales Handbuch zur Fachsprachenforschung und Terminologiewissenschaft. Berlin: de Gruyter, S. 383-389.

Halliday, Michael A. K.; McIntosh, Angus; Strevens, Peter (1964): The linguistic sciences and language teaching. London: Longmans.

Hansen-Schirra, Silvia; Neumann, Stella (2004): Linguistische Verständlichmachung in der juristischen Realität. In: Lerch, Kent D. (Hg.): Die Sprache des Rechts. Recht verstehen. Verständlichkeit, Missverständlichkeit und Unverständlichkeit von Recht. Berlin: de Gruyter, S. 137-184.

Hecht, Burkhard; Peters, Imke Barbara; Sumfleth, Elke (1996): Funktion und Verwendung fachkundlicher Schulbücher im Berufsfeld Körperpflege. In: Zeitschrift für Berufs- und Wirtschaftspädagogik, Jg. 92, H. 1, S. 56-67.

Heimann, Paul (1962): Didaktik als Theorie und Lehre. In: Die Deutsche Schule, Jg. 54, S. 407-472.

Heinze, Carsten (2005): Das Schulbuch zwischen Lehrplan und Unterrichtspraxis. In: Matthes, Eva; Heinze, Carsten (Hg.): Das Schulbuch zwischen Lehrplan und Unterrichtspraxis. Bad Heilbrunn: Klinkhardt, S. 9-17.

Helbig, Gerhard; Buscha, Joachim (2001): Deutsche Grammatik. Ein Handbuch für den Ausländerunterricht. Berlin, Wien u. a.: Langenscheidt.

Heringer, Hans Jürgen (1984): Wortbildung: Sinn aus dem Chaos. In: Deutsche Sprache, H. 12, S. 1–13.

Hessisches Kultusministerium u. Institut für Qualitätsentwicklung (Hg.): Vocational Literacy. Methodische und sprachliche Kompetenzen in der beruflichen Bildung. Online verfügbar unter http://www.iq.hessen.de/irj/servlet/prt/portal/prtroot/slimp.CMReader/HKM_15/IQ_ Internet/med/8bd/8bd24d71-312a-1111-0104-348d91954e0c,22222222-2222-2222-2222-222222222222.pdf, zuletzt geprüft am 15.09.2010.

Hitzler, Ronald (1994): Wissen und Wesen des Experten: Ein Annäherungsversuch - zur Einleitung. In: Hitzler, Ronald; Hitzler-Honer-Maeder (Hg.): Expertenwissen. Die institutionalisierte Kompetenz zur Konstruktion von Wirklichkeit. Opladen: Westdeutscher Verlag, S. 13–30.

Hoberg, Rudolf (1998): Fachsprachliche Ausbildung und Fachsprachendidaktik. Methoden im fachbezogenen Muttersprachenunterricht. In: Hoffmann, Lothar; Kalverkämper, Hartwig; Wiegand, Herbert Ernst (Hg.): Fachsprachen. Ein internationales Handbuch zur Fachsprachenforschung und Terminologiewissenschaft. Berlin: de Gruyter, S. 954-960.

Hoffmann, Lothar (1976): Kommunikationsmittel Fachsprache. Eine Einführung. Berlin: Akademie-Verlag.

Hoffmann, Lothar (1987): Kommunikationsmittel Fachsprache. Eine Einführung. 3. Auflage. Berlin: Akademie-Verlag.

Hoffmann, Lothar (1998): Syntaktische und morphologische Eigenschaften von Fachsprachen. In: Hoffmann, Lothar; Kalverkämper, Hartwig; Wiegand, Herbert Ernst (Hg.): Fachsprachen. Ein internationales Handbuch zur Fachsprachenforschung und Terminologiewissenschaft. Berlin: de Gruyter, S. 416-427.

Howe, Falk (1995): Entwicklung der Elektroberufe bis 1945. In: Evaluation der industriellen Elektroberufe. Neuordnung oder Weiterentwicklung. Abschlussbericht 1995. Universität Bremen. Bremen.

Hübscher, Heinrich; Jagla, Dieter; Klaue, Jürgen; Wickert, Harald (2005): Fachwissen Elektroinstallation. Braunschweig: Westermann Schulbuchverlag.

Hülsken, Margot (2005): Haut und Haar. 3. Auflage. Haan-Gruiten: Europa-Lehrmittel.

Humpl, Ingrid (1990): Blattgold. Fachwortschatz-Untersuchung zu seiner Herstellung und Verwendung. Heidelberg: Winter.

Illuk, Jan (2005): Edukativer Wissenstransfer und der lexikalische Schwierigkeitsgrad von Lehrwerktexten. In: Antos, Gerd; Wichter, Sigurd (Hg.): Wissenstransfer durch Sprache als gesellschaftliches Problem. Frankfurt am Main: Lang, S. 103-118.

Ischreyt, Heinz (1965): Studien zum Verhältnis von Sprache und Technik. Düsseldorf: Schwann.

Jahr, Silke (1996): Das Verstehen von Fachtexten. Rezeption, Kognition, Applikation. Tübingen: Narr.

Kalverkämper, Hartwig (1990): Der Einfluß der Fachsprachen auf die Gemeinsprache. In: Stickel, Gerhard (Hg.): Deutsche Gegenwartssprache. Tendenzen und Perspektiven. Berlin: de Gruyter, S. 88-133.

Kalverkämper, Hartwig (1992): Die kulturanthropologische Dimension von „Fachlichkeit" im Handeln und Sprechen. Kontrastive Studien zum Deutschen, Englischen, Französischen, Italienischen und Spanischen. In: Albrecht, Jörn; Baum, Richard (Hg.): Fachsprache und Terminologie in Geschichte und Gegenwart. Tübingen: Narr, S. 31-58.

Kalverkämper, Hartwig (1998): Darstellungsformen und Leistungen schriftlicher Fachkommunikation: diachrone und synchrone Aspekte. In: Hoffmann, Lothar; Kalverkämper, Hartwig; Wiegand, Herbert Ernst (Hg.): Fachsprachen. Ein internationales Handbuch zur Fachsprachenforschung und Terminologiewissenschaft. Berlin: de Gruyter, S. 60-92.

Klein, Rosemarie; Leray Regina (1988): Ausbildung – Eine Gelegenheit zu systematischem Sprachlernen. Curriculum für den ausbildungsbegleitenden DaZ-Unterricht mit türkischen Auszubildenden. Lehrerhandbuch mit kleiner Grammatik. München: Gockel und Klein.

Klieme, Eckhard; Artelt, Cordula; Hartig, Johannes, et al. (Hg.) (2010): PISA 2009. Bilanz nach einem Jahrzehnt. Münster: Waxmann.

Ständige Konferenz der Kultusminister der Länder in der Bundesrepublik Deutschland (KMK) (1996/2000): Handreichungen für die Erarbeitung von Rahmenlehrplänen der Kultusministerkonferenz (KMK) für den berufsbezogenen Unterricht in der Berufsschule und ihre Abstimmung mit Ausbildungsordnungen des Bundes für anerkannte Ausbildungsberufe (Stand: 15.09.2000).

Ständige Konferenz der Kultusminister der Länder in der Bundesrepublik Deutschland (KMK) (Hg.) (2003): Rahmenlehrplan für den Ausbildungsberuf Elektroniker/Eelktronikerin. (Beschluss der Kultusministerkonferenz vom 16.05.2003). Online verfügbar unter http://www.kmk.org/fileadmin/pdf/Bildung/BeruflicheBildung/rlp/elektroniker.pdf, zuletzt geprüft am 24.06.2010.

Ständige Konferenz der Kultusminister der Länder in der Bundesrepublik Deutschland (KMK) (Hg.) (2008): Rahmenlehrplan für den Ausbildungsberuf Friseur/Friseurin. (Beschluss der Kultusministerkonferenz vom 10.04.2008). Online verfügbar unter http://www.kmk.org/fileadmin/pdf/Bildung/BeruflicheBildung/rlp/Friseur.pdf, zuletzt geprüft am 24.06.2010.

Ständige Konferenz der Kultusminister der Länder in der Bundesrepublik Deutschland (KMK) (Hg.) (2010): Lern- und Lehrmittel. Online verfügbar unter http://www.kmk.org/bildung-schule/allgemeine-bildung/sonstigeseinzelfragen-weitere- schulformen /lehr-lern-und-hilfsmittel.html, zuletzt geprüft am 11.08.2010.

Koch, Peter; Wulf Oesterreicher (1996): Schriftlichkeit und Sprache. In: Günther, Hartmut et al. (Hg.): Handbücher zur Sprach- und Kommunikationswissenschaft. Berlin: de Gruyter, S. 587-604.

Köhler, Claus (1981): Zum Gebrauch von Modalverben und Passivfügungen in der deutschen Fachsprache der Technik. In: Hahn, Walther von (Hg.): Fachsprachen. Darmstadt: Wissenschaftliche Buchgesellschaft, S. 239-261.

Kremer, Hugo H. (2003): Handlungs- und Fachsystematik im Lernfeldkonzept. In: Berufs- und Wirtschaftspädagogik online, H. 4.

Kretzenbacher, Heinz L. (1990): Rekapitulation. Textstrategien der Zusammenfassung von wissenschaftlichen Fachtexten. Tübingen: Narr.

Krüger, Sabine (1979): Zum Fachwortschatz des frühen deutschen Eisenbahnwesens ca. 1800-1860. Terminologische Untersuchungen und Wörterbuch. Düsseldorf: VDI-Verlag.

Kuhn, Leo (Hg.) (1977): Schulbuch, ein Massenmedium. Informationen, Gebrauchsanweisungen, Alternativen. Wien: Jugend u. Volk.

Kühtz, Stefan (2007): Phraseologie und Formulierungsmuster in medizinischen Texten. Tübingen: Narr.

Le-Hong, Khai; Schmitt Peter A. (1998): Technische Fachsprachen im Bereich der Kraftfahrzeugtechnik. In: Hoffmann, Lothar; Kalverkämper, Hartwig; Wiegand, Herbert Ernst (Hg.): Fachsprachen. Ein internationales Handbuch zur Fachsprachenforschung und Terminologiewissenschaft. Berlin: de Gruyter, S. 1153-1163.

Lehrndorfer, Anne (1996): Kontrollierte Sprache für die Technische Dokumentation – Ein Ansatz für Deutsche. In: Krings, Hans Peter (Hg.): Wissenschaftliche Grundlagen der technischen Kommunikation. Tübingen: Narr.

Leisen, Josef (2004): Der deutschsprachige Fachunterricht. Inhalte, Herausforderungen, Perspektiven. In: Fremdsprache Deutsch, H. 30, S. 7-14.

Lemnitzer, Lothar; Zinsmeister, Heike (2006): Korpuslinguistik. Eine Einführung. Tübingen: Narr.

Lenz, Susanne (2000): Korpuslinguistik. Tübingen: Groos.

Lenzner, Alwine (2009): Visuelle Wissenskommunikation Effekte von Bildern beim Lernen. Kognitive, affektive und motivationale Effekte. Koblenz-Landau, Univ., Diss., 2009. Hamburg: Kovac.

Levie, W. Howard; Lentz, Richard (1982): Effects of text illustrations: A review of research. In: Educational Communication and Technology Journal, Jg. 30, Heft 4, S. 195-232.

Lusch, Valérie (2007): Studien zur Fachsprache der Metzger in Teilen Baden-Württembergs und Bayerns und ihre lexikalische Erfassung. Tierärztliche Hochschule, Institut für Lebensmittelquälität und -sicherheit, Diss., 2007. Hannover.

Mayer, Richard E. (1997): Multimedia learning: Are we asking the right questions? In: Educational Psychologist, Jg. 32, Heft 1, S. 1-19.

Mayer, Richard E. (2009): Cognitive theory of multimedia learning. In: Mayer, Richard E. (Hg.): The Cambridge handbook of multimedia learning. Cambridge: Cambridge Univ. Press, S. 31-48.

Menck, Peter (1986): Unterrichtsinhalt oder Ein Versuch über die Konstruktion der Wirklichkeit im Unterricht. Frankfurt Main: Lang.

Merchant, Jason (1999): The syntax of silence sluicing, islands, and identity in ellipsis. Univ., Diss., 1999. Santa Cruz, Californien.

Merzyn, Gottfried (1994): Physikschulbücher, Physiklehrer und Physikunterricht. Beiträge auf der Grundlage einer Befragung westdeutscher Physiklehrer. Kiel: Institut für die Pädagogik der Naturwissenschaften.

Merzyn, Gottfried (1999): Von der Kunst, die Sprache an den Adressaten anzupassen. In: Brechel, Renate (Hg.): Zur Didaktik der Physik und Chemie. Probleme und Perspektiven: Vorträge auf der Tagung für Didaktik der Physik und Chemie in Essen September 1998. Alsbach: Leuchtturm-Verlag, S. 115-117.

Messelken, Hans (1996): Computergestützte Analysen textsortenspezifischer Lexik: Ein Beitrag zur Verstehbarkeit von Fachtexten. In: Kalverkämper, Hartwig; Baumann, Klaus-Dieter (Hg.): Fachliche Textsorten. Komponenten – Relationen – Strategien. Tübingen: Narr, S. 193-235.

Meyer, Hilbert (2010): Unterrichtsmethoden. 15. Auflage. Berlin: Cornelsen Scriptor.

Mináriková, Marina (2006): Der deutschsprachige Rechtssatz: Untersuchungen zu seinen syntaktisch-semantischen Charakteristika im deutschen Strafgesetzbuch. Ein Beitrag zur deutschen Fachsprache als Sprachenbrücke im vereinten Europa. Univ., Diss., 2006. Hamburg: Kovac.

Möhn, Dieter (1977): Zur Entwicklung neuer Fachsprachen. In: Deutsche Gesellschaft für Dokumentation (Hg.): Deutscher Dokumentartag 1976. München, S. 311-321.

Möhn, Dieter (1998): Deutsche Fachsprachen der Urproduktion und des Handwerks. Die deutschen handwerklichen Fachsprachen und ihre Erforschung: Eine Übersicht. In: Hoffmann, Lothar; Kalverkämper, Hartwig; Wiegand, Herbert Ernst (Hg.): Fachsprachen. Ein internationales Handbuch zur Fachsprachenforschung und Terminologiewissenschaft. Berlin: de Gruyter, S. 1020-1039.

Möhn, Dieter; Pelka, Roland (1984): Fachsprachen. Eine Einführung. Tübingen: Niemeyer.

Münk, Dieter (2010): Labyrinth Übergangssystem. Forschungserträge und Entwicklungsperspektiven der Benachteiligtenförderung zwischen Schule, Ausbildung, Arbeit und Beruf. Bonn: Pahl-Rugenstein.

Niederhaus, Constanze (2008). Fachspezifische Sprachförderung im Rahmen einer beruflichen Ersatzmaßnahme. In: In: Berufs- und Wirtschaftspädagogik online, Ausgabe Spezial 4 – HT2008. Online: http://www.bwpat.de/ht2008/ft17/niederhaus_ft17-ht2008_spezial4.pdf (16-10-2008).

Niederhauser, Jürg (1999): Wissenschaftssprache und populärwissenschaftliche Vermittlung. Teilw. zugl.: Bern, Univ., Diss., 1996. Tübingen: Narr.

Neß, Harry (2007): Generation abgeschoben. Warteschleifen und Endlosschleifen zwischen Bildung und Beschäftigung; Daten und Argumente zum Übergangssystem; mit einer Positionsbestimmung der GEW von Stephanie Odenwald. Bielefeld: Bertelsmann.

Nodari, Claudio; Schiesser, Daniel (2003): Das Projekt: Deutschförderung in der Lehre. Online verfügbar unter http://www.iik.ch/wordpress/downloads/downloadDZ/Deutschfoerd_Lehre.pdf.

Ohm, Udo; Kuhn, Christina; Funk, Hermann (2007): Sprachtraining für Fachunterricht und Beruf. Fachtexte knacken – mit Fachsprache arbeiten. Münster: Waxmann.

Oksaar, Elke (1998): Das Postulat der Anonymität für den Fachsprachengebrauch. In: Hoffmann, Lothar; Kalverkämper, Hartwig; Wiegand, Herbert Ernst (Hg.): Fachsprachen. Ein internationales Handbuch zur Fachsprachenforschung und Terminologiewissenschaft. Berlin: de Gruyter, S. 397-401.

Oldenburg, Hermann (1992): Angewandte Fachtextlinguistik. „Conclusions" und Zusammenfassungen. Tübingen: Narr.

Ortner, Hanspeter (2009): Rhetorisch-stilistische Eigenschaften der Bildungssprache. In: Fix, Ulla (Hg.): Rhetorik und Stilistik. Ein internationales Handbuch historischer und systematischer Forschung. Berlin: Mouton de Gruyter, S. 2227-2240.

Ott, Bernd (1998): Ganzheitliche Berufsbildung als Leitziel beruflicher Fachdidaktik. In: Bonz, Bernhard (Hg.): Fachdidaktik des beruflichen Lernens. Stuttgart: Steiner, S. 9-30.

Ottich, Klaus; Kowalczyk, Walter (1992): „Das habe ich nicht verstanden!" Über Schulbücher, die das Lernen verhindern. In: Pädagogische Welt, Jg. 8, H. 46, S. 341-344.

Pahl, Jörg-Peter (2001): Berufsfelder – Basis fachwissenschaftlicher und didaktischer Reflexionen beruflichen Lernens. In: Häfeli, Kurt; Wild-Näf, Martin; Elsässer, Traugott (Hg.): Berufsfelddidaktik. Zwischen Fachsystematik und Handlungsorientierung. Baltmannsweiler: Schneider-Verlag Hohengehren, S. 17-37.

Paivio, Allan (2008): Mental Representations. A dual coding approach. Oxford: Oxford Univ. Press.

Pätzold, Günter (2010): Sprache – das kulturelle Kapital für eine Bildungs- und Berufskarriere. In: Zeitschrift für Berufs- und Wirtschaftspädagogik, H. 2, S. 161-172.

Pätzold, Günter; Reinisch, Holger (2010): Didaktik der beruflichen Fachrichtungen. In: Nickolaus, Reinhold (Hg.): Handbuch Berufs- und Wirtschaftspädagogik. Stuttgart: UTB, S. 160-167.

Peeck, Joan (1994): Wissenserwerb mit darstellenden Bildern. In: Weidenmann, Bernd (Hg.): Wissenserwerb mit Bildern. Instruktionale Bilder in Printmedien, Film/Video und Computerprogrammen. 1. Auflage. Bern: Huber (Aus dem Programm Huber), S. 59-94.

Peters, Imke Barbara (1994): Zur Wissensvermittlung durch Unterrichtsmedien: Dargestellt am Beispiel fachkundlicher Schulbücher des Berufsfeldes Körperpflege. Oldenburg: Werbedruck Köhler.

Piirainen, Ilpo Tapanin (1998): Die Fachsprache des Bergbaus. In: Hoffmann, Lothar; Kalverkämper, Hartwig; Wiegand, Herbert Ernst (Hg.): Fachsprachen. Ein internationales Handbuch zur Fachsprachenforschung und Terminologiewissenschaft. Berlin: de Gruyter, S. 1092-1098.

PISA-Konsortium Deutschland (Hg.) (2005): PISA 2003. Der zweite Vergleich der Länder in Deutschland ; was wissen und können Jugendliche? Münster: Waxmann.

PISA-Konsortium Deutschland (Hg.) (2008): PISA 2006 in Deutschland. Die Kompetenzen der Jugendlichen im dritten Ländervergleich. Münster: Waxmann.

Pöggeler, Franz (2003): Schulbuchforschung in der Bundesrepublik Deutschland nach 1945. In: Wiater, Werner (Hg.): Schulbuchforschung in Europa. Bestandsaufnahme und Zukunftsperspektive. Bad Heilbrunn/Obb.: Klinkhardt , S. 33-53.

Punkki-Roscher, Marja (1995): Nominalstil in populärwissenschaftlichen Texten. Zur Syntax und Semantik der komplexen Nominalphrasen. Frankfurt am Main: Lang.

Rauner, Felix (2002): Zur Berufsentwicklung im Berufsfeld Elektrotechnik/Informatik. Herausgegeben vom Bundesinstitut für Berufsbildung. (Dokumentation 4. BIBB-Fachkongress 2002). Online verfügbar unter http://www.bibb.de/redaktion/fachkongress2002/cd-rom/PDF/11_1_13B.pdf, zuletzt geprüft am 23.08.2010.

Rehbein, Ines (2004): Eine quantitative Untersuchung der Lexik von Zeitungstexten. Magisterarbeit zur Erlangung des akademischen Grades Magistra Artium im Fach Germanistische Linguistik. Betreut von Anke Lüdeling und Manfred Stede. Berlin: Humboldt-Universität zu Berlin, Institut für deutsche Sprache und Linguistik.

Reinhardt, Werner; Köhler, Claus; Neubert, Gunter (1992): Deutsche Fachsprache der Technik. 3. Auflage. Hildesheim: Olms.

Reppen, Randi (2001): Register variation in student and adult speech and writing. In: Conrad, Susan; Biber, Douglas (Hg.): Variation in English. Multi-dimensional studies. Harlow: Longman, S. 187-199.

Roelcke, Thorsten (2005): Fachsprachen. 2. Auflage. Berlin: Schmidt.

Rooth, Mats (1993): Ellipsis Redundancy and Reduction Redundancy. In: Berman, Steve; Hestvik, Arild (Hg.): Proceedings of the Stuttgart Ellipsis Workshop: Arbeitspapiere des Sonderforschungsbereich 340, Berichl Nr. 29-1992, SFB 340.

Schäfer, Daniela (2010): Kontrastive Analyse der Fachtextsorte "Studentische Seminararbeit" aus Spanien und Deutschland. Hamburg: Kovac.

Schiefele, Ulrich; Artelt, Cordula; Schneider, Wolfgang, et al. (Hg.) (2004): Struktur, Entwicklung und Förderung von Lesekompetenz. Vertiefende Analysen im Rahmen von PISA 2000. Wiesbaden: Verlag für Sozialwissenschaften.

Schmidt, Vasco Alexander (2003): Grade der Fachlichkeit in Textsorten zum Themenbereich Mathematik. Berlin: Weidler.

Schmidt, Wilhelm (1969): Charakter und gesellschaftliche Bedeutung der Fachsprache. In: Sprachpflege, Heft 18, S. 10-20.

Schnitzer, Johannes (2008): Vertikale Variation im Fachwortschatz. Am Beispiel der argentinischen Börsenberichterstattung. Frankfurt am Main: Lang.

Schnotz, Wolfgang (1994): Wissenserwerb mit logischen Bildern. In: Weidenmann, Bernd (Hg.): Wissenserwerb mit Bildern. Instruktionale Bilder in Printmedien, Film/Video und Computerprogrammen. Bern: Huber, S. 95-147.

Schnotz, Wolfgang (1999): Sprach- und Bildkommunikation beim Lernen von Naturwissenschaften. In: Brechel, Renate (Hg.): Zur Didaktik der Physik und Chemie. Probleme und Perspektiven: Vorträge auf der Tagung für Didaktik der Physik und Chemie in Essen September 1998. Alsbach: Leuchtturm-Verlag, S. 31-46

Schnotz, Wolfgang (2002): Towards an Integrated View of Learning from Text and Visual Displays. In: Educational Psychology Review, Jg. 14, H. 1, S. 101-120.

Schnotz, Wolfgang (2009): An integrated model of text and picture comprehension. In: Mayer, Richard E. (Hg.): The Cambridge handbook of multimedia learning. Cambridge: Cambridge Univ. Press, S. 49-69.

Schnotz, Wolfgang; Bannert, Maria (2003): Construction and interference in learning from multiple representation. In: Learning and Instruction, Jg. 13, S. 141-156.

Schnotz, Wolfgang; Dutke, Stephan (2004): Kognitionspsychologische Grundlagen der Lesekompetenz: Mehrebenenverarbeitung anhand multipler Informationsquellen. In: Schiefele, Ulrich; Artelt, Cordula; Schneider, Wolfgang; Stanat, Petra (Hg.): Struktur, Entwicklung und Förderung von Lesekompetenz. Vertiefende Analysen im Rahmen von PISA 2000: Verlag für Sozialwissenschaften, S. 61-124.

Schröder, Bärbel; Stadelmann, Jens (2009): Zehn Jahre Bologna – quo vadis Studium zum/zur Berufsschullehrer/in? In: Die berufsbildende Schule (BbSch), Jg. 61, Heft 7/8, S. 215-221.

Schumacher, Robert M.; Czerwinski, Mary P. (1992): Mental models and the acquisition of expert knowledge. In: Hoffman, Robert R. (Hg.): The psychology of expertise. Cognitive research and empirical AI. New York, Heidelberg: Springer, S. 61-79.

Schwamborn, Annett; Thillmann, Hubertina; Leopold, Claudia; Sumfleth; Elke; Leutner, Detlev (2010): Der Einsatz von vorgegebenen und selbst generierten Bildern als Textverstehenshilfe beim Lernen aus einem naturwissenschaftlichen Sachtext. In: Zeitschrift für Pädagogische Psychologie, Jg. 24, H. 3-4, S. 221-233.

Schwenk, Sigrid (1967): Zur Terminologie des Vogelfangs im Deutschen. Eine sprachliche Untersuchung auf Grund der deutschen didaktischen Literatur des 14. bis 19. Jahrhunderts. Univ., Diss., 1967. Clausthal-Zellerfeld: Bönecke.

Speth, Hermann (1995): Theorie und Praxis des Wirtschaftslehre-Unterrichts. Eine Fachdidaktik; Ziel- und Inhaltsanalyse, Lehr- und Lernorganisation, Lernsicherung, Unterrichtskonzeptionen. 2. Auflage. Rinteln: Merkur-Verlag.

Spiegel, Heinz-Rudi (1972): Zum Fachwortschatz des Eisenhüttenwesens im 18. Jahrhundert in Deutschland. Düsseldorf: VDI-Verlag.

Sretenovic, Karl (1992): Schulbuchentwicklung und Lehrplanentwicklung – zwei sich selbst tragende Systeme? In: Erziehung und Unterricht, Heft 142, S. 23-28.

Starauschek, Erich (2003): Ergebnisse einer Schülerbefragung über Physikschulbücher. In: Zeitschrift für Didaktik der Naturwissenschaften. Biologie, Chemie, Physik., Jg. 9, S. 135-146.

Starauschek, Erich (2006): Der Einfluss von Textkohäsion und gegenständlichen externen piktoralen Repräsentationen auf die Verständlichkeit von Texten zum Physiklernen. In: Zeitschrift für Didaktik der Naturwissenschaften, Jg. 12, S. 127-157.

Statistisches Bundesamt (Hg.) (1992): Klassifizierung der Berufe. Systematisches und alphabetisches Verzeichnis der Berufsbenennungen. Stuttgart: Metzler-Poeschel.

Stegu, Martin (1989): Text und Bild in der Fachkommunikation. In: Dressler, Wolfgang; Wodak, Ruth (Hg.): Fachsprache und Kommunikation. Experten im sprachlichen Umgang mit Laien. Wien: Bundesverlag, S. 13–19.

Stein, Gerd (1977): Das Schulbuch – Politicum/Informatorium/Paedagogicum oder: von der Unzulänglichkeit eindimensionaler Schulbuchforschung. In: Stein, Gerd (Hg.): Schulbuchwissen, Politik und Pädagogik. Untersuchungen zu einer praxisbezogenen und theoriegeleiteten Schulbuchforschung. Kastellaun: Henn, S. 231-241.

Stein, Gerd (1985): Schulbuch. In: Otto, Gunter; Schulz, Wolfgang; Lenzen, Dieter (Hg.): Methoden und Medien der Erziehung und des Unterrichts. Stuttgart: Klett-Cotta, S. 581-589.

Stein, Gerd (2003): Schulbücher in berufsfeldbezogener Lehrerbildung und pädagogischer Praxis. In: Wiater, Werner (Hg.): Schulbuchforschung in Europa. Bestandsaufnahme und Zukunftsperspektive. Bad Heilbrunn: Klinkhardt, S. 23-32.

Steindorf, Gerhard (1995): Grundbegriffe des Lehrens und Lernens. Bad Heilbrunn: Klinkhardt.

Steinhauer, Anja (2000): Sprachökonomie durch Kurzwörter. Bildung und Verwendung in der Fachkommunikation. Tübingen: Narr.

Stiftung Mercator (Hg.): Verstehen lernen – sprachliche und fachliche Förderung. Online verfügbar unter http://www.mercator-foerderunterricht.de/projekt/basismodell/ verstehen-lernen-sprachliche-und-fachliche-foerderung.html, zuletzt geprüft am 15.09.2010.

Stöber, Georg (2010): Schulbuchzulassung in Deutschland: Grundlagen, Verfahrensweisen und Diskussionen. Georg-Eckert-Institut für internationale Schulbuchforschung. Online verfügbar unter http://www.lehrmittelsymposium.ch/downloads/ Stoeber_Schulbuchzulassung_in_Deutschland.pdf, zuletzt geprüft am 19.08.2010.

Strebl, Maria (2004): Die Fach(sprach)lichkeit von Texten. Eine Analyse von italienischen und deutschen Texten zum Thema Algenblüten und Eutrophierung: Praesens Verlag.

Sweller, John (2009): Implications of cognitive load theory for multimedia learning. In: Mayer, Richard E. (Hg.): The Cambridge handbook of multimedia learning. Cambridge: Cambridge Univ. Press, S. 19-30.

Tauber, Marianne (1984): Leserangepasste Verständlichkeit. Der Einfluß von Lesbarkeit und Gliederung am Beispiel von Zeitungsartikeln. Univ., Diss., 1982/83. Bern u. a.: Lang.

Tiemann, Michael; Schade, Hans-Joachim; Helmrich, Rober; Hall, Anja; Braun, Uta; Bott, Peter (2008): Berufsfeld-Definitionen des BIBB. auf der Basis der KldB 1992. Zweite Fassung, Stand 29. Mai 2008. Herausgegeben vom Bundesinstitut für Berufsbildung (BIBB). Online verfügbar unter http://www.bibb.de/dokumente/pdf/ a22_BIBB-Berufsfelder_010508.pdf, zuletzt geprüft am 23.08.2010.

Tramm, Tade (2003): Prozess, System und Systematik als Schlüsselkategorien lernfeldorientierter Curriculumentwicklung. In: Berufs- und Wirtschaftspädagogik online, H. 4. Online verfügbar unter: http://www.bwpat.de/ausgabe4/tramm_bwpat4.shtml.

Tulodziecki, Gerhard (2006): Funktionen von Medien im Unterricht. In: Arnold, Karl-Heinz (Hg.): Handbuch Unterricht. Bad Heilbrunn: Klinkhardt, S. 387-394.

Ulrich, Joachim Gerd (2006). „… Schulnoten sind die eine Seite – Fähigkeiten und Persönlichkeit die andere …“. In: Elke Schrieber (Hrsg.): Chancen für Schulmüde. Reader zur Abschlusstagung des Netzwerks Prävention von Schulmüdigkeit und Schulverweigerung am Deutschen Jugendinstitut e.V. München/Hall (http://www.dji.de/bibs/229_6264_Reader_Chancen_fuer_Schulmuede.pdf).

VdS Bildungsmedien e.V. (Hg.) (2010): Prüfverfahren für Schulbücher – Eine Übersicht in Beispielen. Online verfügbar unter www.schulbuchportal.de/ CMS/ file_view.aspx?id=10071754, zuletzt aktualisiert am 11.08.2010.

Vester, Frederic (1975): Denken, Lernen, Vergessen. Was geht in unserem Kopf vor, wie lernt das Gehirn und wann läßt es uns im Stich? Stuttgart: Deutsche Verlags-Anstalt, S. 188)

Vollmer, Helmut Johannes; Thürmann, Eike (2010): Zur Sprachlichkeit des Fachlernens: Modellierung eines Referenzrahmens für Deutsch als Zweitsprache. In: Fachunterricht und Deutsch als Zweitsprache. Tübingen: Narr, S. 107–132.

Voltmer, Leonhard (2006): Computerlinguistik für die Terminografie im Recht. Tübingen: Narr.

Weidenmann, Bernd (1994): Informierende Bilder. In: Weidenmann, Bernd (Hg.) (1994): Wissenserwerb mit Bildern. Instruktionale Bilder in Printmedien, Film/Video und Computerprogrammen. Bern: Huber, S. 9-58.

Weinrich, Harald (2005): Textgrammatik der deutschen Sprache. 3. Auflage. Darmstadt: Wissenschaftliche Buchgesellschaft.

Wellenreuther, Martin (2004): Lehren und Lernen – aber wie? Empirisch-experimentelle Forschungen zum Lehren und Lernen im Unterricht. Baltmannsweiler: Schneider-Verlag Hohengehren.

Wendt, Peter (2010): Schulbuchzulassung: Verfahrensänderungen oder Verzicht auf Zulassungsverfahren? In: Fuchs, Eckhardt; Kahlert, Joachim; Sandfuchs, Uwe (Hg.): Schulbuch konkret. Kontexte, Produktion, Unterricht. Bad Heilbrunn: Klinkhardt, S. 83-96.

Wenghoffer, Petra (1998): Die Tennisfachsprache Deutsch-Schwedisch im kontrastiven Vergleich. Untersuchungen zur Struktur eines Sportfachwortschatzes und zu seinem situativen Gebrauch. Univ., FB Sprachwiss., Diss., Hamburg, 1998. Hamburg: Kovac.

Wiater, Werner (2003): Das Schulbuch als Gegenstand pädagogischer Forschung. In: Wiater, Werner (Hg.): Schulbuchforschung in Europa. Bestandsaufnahme und Zukunftsperspektive. Bad Heilbrunn: Klinkhardt, S. 11-22.

Wiater, Werner (2005): Lehrplan und Schulbuch – Reflexionen über zwei Instrumente des Staates zur Steuerung des Bildungswesens. In: Matthes, Eva; Heinze, Carsten (Hg.): Das Schulbuch zwischen Lehrplan und Unterrichtspraxis. Bad Heilbrunn: Klinkhardt, S. 41-64.

Wolf, Elke; Strohner, Hans; Wenck, Helmut (1999): Können linguistische Methoden der Chemiedidaktik nützlich sein? In: Brechel, Renate (Hg.): Zur Didaktik der Physik und Chemie. Probleme und Perspektiven: Vorträge auf der Tagung für Didaktik der Physik und Chemie in Essen September 1998. Alsbach: Leuchtturm-Verlag, S. 126-128.

Zhou, Gengfu (1995): Untersuchungen zum Fachwortschatz der Kraftfahrzeugtechnik. Unter besonderer Berücksichtigung des Aufbaus einer deutsch-chinesischen Terminologiedatenbank für Kraftfahrzeugtechnik. Techn. Hochsch., Diss., 1995. Frankfurt am Main, Berlin: Lang.

Zinnecker, Jürgen (1975): Der heimliche Lehrplan. Untersuchungen zum Schulunterricht. Weinheim, Basel: Beltz.

Waxmann

MÜNSTER · NEW YORK · MÜNCHEN · BERLIN

Sprach-Vermittlungen

hrsg. von Konrad Ehlich

■ Band 6

Dorothea Hartkopf

Der Orientierungskurs als neues Handlungsfeld des Faches Deutsch als Zweitsprache

2010, 340 Seiten, br., 36,90 €, ISBN 978-3-8309-2264-3

Im Jahr 2005 wurden neben Deutsch- auch Orientierungskurse für Zuwanderer eingeführt, die der Vermittlung von politischen, historischen und gesellschaftskundlichen Inhalten dienen sollen. Während in Fachkreisen in Bezug auf den zweiten Teil des Integrationskurses schon bald von der ‚Quadratur des Kreises' die Rede war, wurden Lehrer für Deutsch als Zweitsprache ohne weitere Vorbereitung mit einer ebenso anspruchsvollen wie brisanten neuen Aufgabe betraut.
Dieser Band beschäftigt sich mit zwei zentralen Fragen: Was passiert in diesen Kursen? Und vor welchem Hintergrund geschieht dies? Im Mittelpunkt stehen dabei die Agenten der Institution, die Lehrer. Während im theoretischen Teil Vorgeschichte und Rahmenbedingungen der neuen Kursform beleuchtet werden, steht im zweiten Teil das Unterrichtsgeschehen selber im Mittelpunkt der Betrachtung. Wie Lehrer für Deutsch als Fremdsprache in Orientierungskursen agieren, wird diskursanalytisch auf der Grundlage erhobener Unterrichtskommunikation in verschiedenen Kursen untersucht. Auch werden Interviews mit den Kursleitern in die Untersuchung einbezogen.

■ Band 7

Elke Montanari

Kindliche Mehrsprachigkeit

Determination und Genus

2010, 340 Seiten, br., 36,90 €, ISBN 978-3-8309-2300-8

Siebzehn mehrsprachige Kinder, die seit mindestens zwei Jahren eine Kindertagesstätte besuchen, werden bei ihrem Erwerb der deutschen Sprache beobachtet. Nach einem Überblick über die aktuelle Forschungssituation zur mehrsprachigen Aneignung sowie zu Determination und Genus in Deutsch, Albanisch, Englisch, Kroatisch, Kurdisch, Pandjabi, Polnisch, Romanes, Serbisch, Sizilianisch und Türkisch werden über einhundert Erzählungen und Diskurse aus einer funktional-pragmatischen Perspektive analysiert.

Im Umgang mit Determination zeigen die Kinder eine feinfühlige Beherrschung diffiziler Abstufungen; scheinbare Fehler können auf ein noch kindliches Wissen über die Welt zurückgeführt werden.

Genus wird aus seiner Funktion im Diskurs heraus betrachtet. Erst in dieser Sicht wird erkennbar, wie schwierig es den Kindern fällt, die Struktur und Funktion dieser Klassifikation zu bearbeiten. Die entscheidende Frage scheint nicht „Welches Genus hat das Wort?", sondern vielmehr „Was hängt zusammen?" zu lauten. Kongruenz ist dabei die Schlüsselkategorie, an der sich Fortschritte der Kinder zeigen, lange bevor eine Auszählung korrekter Genusmarkierungen sinnvoll erfolgen kann. Es wird dafür argumentiert, die Sicht auf das Genus eines isolierten Substantivs aufzubrechen und Genusaneignung im Spannungsfeld von Kongruenz und Klassifikation im Diskurs zu begreifen.

[...] das Buch [...] liefert [...] notwendige Bausteine für die weitere, dringend erforderliche Grundlagenforschung im Bereich Mehrsprachigkeit.

Forum Logopädie, H. 5 (2010).

Waxmann

MÜNSTER · NEW YORK · MÜNCHEN · BERLIN

■ Band 8

Anna Komor

Miteinander kommunizieren – Kinder unter sich

Eine empirische diskursanalytische Untersuchung zur Ausbildung kindlicher Kommunikationsfähigkeit

2010, 350 Seiten, br., 36,90 €, ISBN 978-3-8309-2390-9

Diese Arbeit untersucht die Ausbildung kommunikativer Fähigkeiten im Kindergarten- und Grundschulalter. Hierfür wurden Kinder im Alter von fünf bis acht Jahren bei der Kommunikation mit Gleichaltrigen über drei Jahre hinweg begleitet. Anhand der Daten können vielfältige Strategien für eine erfolgreiche Bewältigung kindlicher Interaktion aufgezeigt werden. Dabei spielt (sprachliche) Kooperation unter den Kindern eine grundlegende Rolle. Eine zentrale und notwendige Fähigkeit zur Kooperation bildet auf der Makroebene sprachlichen Handelns die Bearbeitung von Konflikten. Auf der Mikroebene wird die Organisation des Diskurses selbst in der sprachlichen, insbesondere prozeduralen, Koordination von Sprecher und Hörer eingehend betrachtet. Sie ist für ein konsistentes und kontinuierliches gemeinsames Handeln unabdingbar. Schon früh setzen die Kinder gezielt Sprechhandlungen zur Herstellung und Aufrechterhaltung von Kooperation ein; mit zunehmendem Alter werden diese komplexer und weiter ausdifferenziert.

■ Band 9

Veronika Hübl

Wirtschaftsdeutsch als Fremdsprache für zukünftige Manager

Linguistische und pragmatische Grundlagen des Unterrichts

2010, 458 Seiten, br., 44,90 €, ISBN 978-3-8309-2289-6

Fremdsprachenkenntnisse werden in Zeiten der Globalisierung, in denen wirtschaftliches Handeln auf internationalem Parkett nicht mehr wegzudenken ist, für Manager immer wichtiger. Eine fundierte Sprachausbildung ist daher zunehmend Teil entsprechender Studiengänge. Doch welche konkreten Inhalte sind für die Lernenden in Hinblick auf ihr späteres Berufsleben relevant? Welche Voraussetzungen bringen sie mit? Welche Bereiche stellen besondere Schwierigkeiten dar? Wie gestalten sich die Rahmenbedingungen? Daraus abgeleitet ergibt sich die Frage nach dem optimalen, zielgruppengerechten Unterrichtskonzept.

Die Grundlage der wissenschaftlichen Bearbeitung all dieser Fragen bildet die Analyse sowohl interner (Zielgruppe der Lernenden, Unterrichtende, institutionenspezifische Eigenheiten und sonstige unveränderbare Gegebenheiten) als auch externer Faktoren (Lehrwerke, Sprachstand-Messungen, Gemeinsamer Europäischer Referenzrahmen für Sprachen GER) sowie die beispielhaft linguistisch und pragmatisch analysierte Diskursart „Rapport". Dabei werden auch die Forschungsfelder Pädagogik, Didaktik und Methodik miteinbezogen, um ein Unterrichtskonzept für eine studienbegleitende Sprachausbildung „Wirtschaftsdeutsch als Fremdsprache" für angehende Manager zu entwickeln.

Waxmann

MÜNSTER · NEW YORK · MÜNCHEN · BERLIN